EBS CEO 특강 1

도전하는 젊은이

EBS CEO특강 1

도전하는 젊은이

● 〈EBS CEO 특강〉 제작팀 지음 ●

우리 시대 대표 CEO들이 들려주는 희망과 응원의 메시지

마리북스

머리말

'오늘날 기업과 그 기업의 CEO는 어떤 전략을 가지고 글로벌 무한경쟁의 정글 속을 탐험하고 있을까?' 이런 궁금증을 가지고 있는 분들은 분명 자신의 미래, 또는 자기 자녀들의 미래에 대해 고민하고 있는 진취적인 사람들일 것이다. EBS에서는 이러한 진취적인 분들의 궁금증을 풀어드리고, 미래 사회가 원하는 인재상에 대한 해답을 우리 시대 최고의 CEO들로부터 직접 듣고자 〈EBS CEO 특강〉을 기획 편성했다.

이 프로그램은 국내 최초로 시도되는 캠퍼스 투어 형식의 특강으로, 광고나 신문으로만 접하던 국내외 유수 기업과 그 기업의 최고경영자를 직접 만나 그들의 노하우와 치열한 현장에서의 이야기와 경험담을 직접 들을 수 있도록 했다. 그리고 그들의 이야기는 지금도 계속되고 있다.

제작진의 가장 큰 고민은 젊은이들과 일반인들에게 가장 좋은 영향력을 미칠 수 있는 우리 시대 최고의 CEO를 초청하는 것이었다. 그렇다면 그 CEO는 과연 누구인가? 하지만 그 답을 얻는 데는 그리 오랜 시간이 걸리진 않았다. 요즘 젊은이들이 가장 선호하면서도 훌륭한 기업가정신으로 성장하고 있는 기업의 CEO를 모시는 것이 선정 기준이 되었고, 되도록 이를 실천하려고 노력했다.

1997년 외환위기를 이겨낸 도전기, 극적인 M&A를 통해 기업을 회생시킨 이야기, 직원과의 진솔한 대화를 통해 위기를 극복한 이야기, 말단 직원에서 출발해 그 기업의 CEO가 되기까지의 고난과 열정의 경험담, 좋은 인재를 가려내는 노하우 등 드라마와도 같은 진한 감동과 생생한 현장감을 느끼게 해준다. 이들의 이야기는 젊은이들은 물론 기성세대들에게도 안주보다는 도전을, 불안과 걱정보다는 희망과 용기를 불러일으키며 의지를 불태우게 한다는 호평을 받고 있다. 또 그 기업과 그 기업의 CEO에 대한 리얼한 정보를 제공한다는 평판도 얻고 있다.

〈EBS CEO 특강〉을 시청하고 또 강의 현장에 자주 오던 한 청년이 "처음에는 단지 취업에 도움이 될까 해서 강의를 들었는데, 강의를 들을수록 어떻게 미래를 설계하고 준비해야 되는지를 고민하게 되었고, 이제는 그 답을 알 것 같습니다. 지금까지 내가 왜 이렇게 살았는지를 반성하고 뒤돌아보게 한 CEO분들과 EBS에 감사합니다"라고 한 말이 기억에 남는다.

도전, 창조, 혁신이 떠오르는 단어 '기업가정신entrepreneurship'을 가장 가깝고 생생하게 접할 수 있는 〈EBS CEO 특강〉을 방송이라는 찰나적 공간에 쏟아내는 일도 중요하지만, 활자를 통해 생각하고 느껴보는 것도 의미 있는 작업이라는 생각에 책으로 출간하게 되었다. 이 책이 불안정한 시대를 사는 여러분에게 희망찬 미래를 대비하는 미래 대비서, 그리고 무한경쟁시대에 자신의 경쟁력을 키울 수 있는 전략서가 되어주길 바란다.

그러한 취지에서 미래지향적이고 진취적인 기업과 CEO, 젊은이들에게 희망찬 미래를 열어주는 CEO들의 이야기를 담아 〈EBS CEO 특강〉 '도전하는 젊은이'편을 발간한다. 보다 많은 젊은이들이 이 책을 통해 비전과 꿈, 창조와 혁신, 모험과 도전이라는 기업가정신의 본질을 얻게 된다면, 자신의 미래나 우리 사회의 미래에 대한 후회 없는 선택이 되리라 믿는다.

〈EBS CEO 특강〉 제작위원 황인수

| 차례 |

PART 2 열정적으로 실천하라

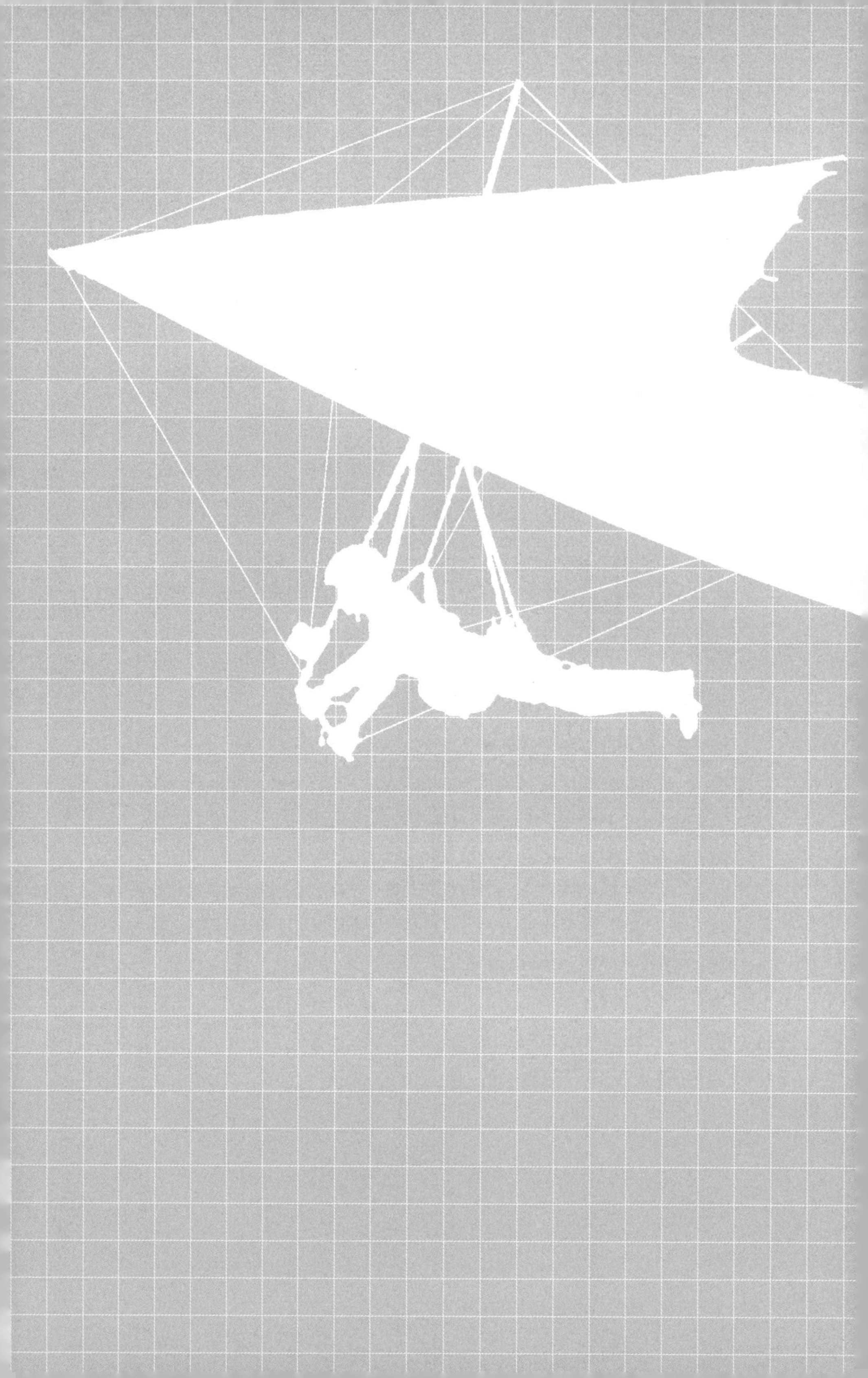

PART · 1

세상을 향해 도전하라

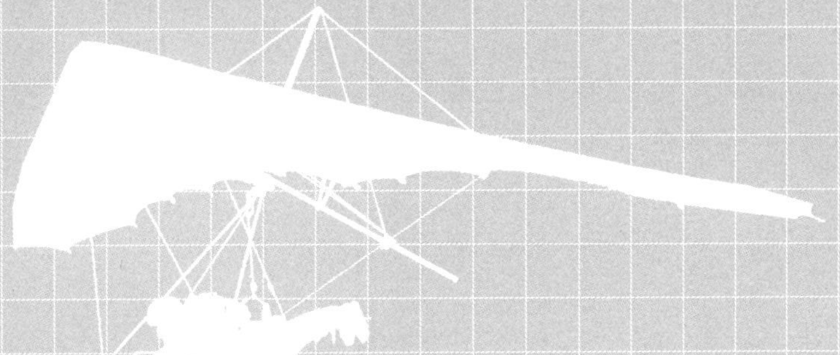

생생한 꿈을 펼쳐라

미래 전문가에게 필요한 다섯 가지 자질

안철수 안철수연구소 이사회 의장

1988 국내 최초로 컴퓨터 보안 프로그램 '백신(V3)' 개발

1989 단국대학교 의과대학 전임강사 및 의예과 학과장

1995 안철수연구소 설립, 대표이사

2002 동탑산업훈장 수훈

2003 제1회 한국윤리경영대상 투명경영 부문 대상(신산업경영원)
제2회 대한민국SW사업자대상 경영 부문 최우수상
(한국SW산업협회/매일경제신문사)

2005 안철수연구소 이사회 의장

2008 카이스트 '비즈니스 이코노믹스' 프로그램 정문술 석좌교수

안철수

끊임없이 도전하는 사람

2008년 5월, 국내 보안소프트 업계의 상징이자 모범 벤처기업가인 안철수 의장이 3년 동안의 미국 유학을 마치고, 한 대학의 석좌교수이자 기업의 최고학습책임자(CLO, Chief Learning Officer)로 국내에 복귀했다.

2005년 매출 400억 원을 돌파하고 2004년, 2005년 연속 순이익 100억 원을 넘기는 등 성공적으로 기업을 이끌던 그는, '안철수연구소'가 10주년이 되던 2005년에 CEO 자리에서 물러나 경영자 MBA 과정을 위해 유학길에 올랐고, 이제 또다시 '인재를 길러내는 사람'이 되겠다는 새로운 도전을 시작한 것이다.

고통 없인 아무것도 얻지 못한다

한 분야의 전문가가 되는 것은 무척 어려운 일이다. 안철수 의장이 각기 다른 분야에서 성공적인 변신을 거듭할 수 있었던 원동력은 '매 순간 최선을 다하는 것'이라고 한다. 그리고 그 과정 중에 깨달은 것은 바로 '고통 없인 아무것도 얻지 못한다(No pain, No gain)'라는 것이다.

A형 인재가 되자

자기 분야에 대한 전문성을 가지고 있으며 다른 분야의 상식까지 두루 갖추고 있는 'T자형 인재'가 지금까지의 이상적인 인재상이었다면, 안철수 의장은 'T자형 인재'를 뛰어넘는 'A자형 인재'가 되어야 한다고 강조한다. 현대의 전문가에겐 자신이 가지고 있는 지식을 상대방이 이해할 수 있도록 전달하는 커뮤니케이션 능력이 요구된다. 전문성과 상식, 그리고 다른 사람과의 커뮤니케이션 능력을 갖춘 'A자형 인재'야말로 안철수 의장이 말하는 진짜 인재인 것이다.

안철수 국내 최초로 컴퓨터 바이러스 치료 프로그램 'V3'를 개발한 사람, 안철수. 1988년 당시 의학도였던 그는 바이러스를 퇴치하는 백신에서 착안하여 이 치료 프로그램을 '컴퓨터 백신'이라고 명명했다. 그는 대한민국 안티 바이러스의 자존심이기도 하다. 혼신을 다해 개발한 백신 프로그램을 무료로 보급하고, 외국의 거대 보안회사가 합병을 제안해오자 토종 소프트웨어 산업 보호와 국민들이 지불할 로열티를 걱정해 일언지하에 거절했다.
의사, 대학교수, 백신 프로그래머, 그리고 CEO에 이르기까지 자신의 한계를 뛰어넘어 늘 새로운 도전을 시작하는 안철수 의장이 미래 전문가에게 필요한 자질을 들려준다.

내가 의대를 졸업할 당시의 일이다. 졸업 후 다들 환자를 보는 쪽, 즉 내과나 소아과, 외과 등으로 많이 가는데 나는 의학 연구 쪽을 선택했다. 환자를 돕고 병을 고치는 것도 뜻있는 일이지만 치료 방법을 개발하거나 병의 원인을 밝히면 더 많은 사람들에게 도움을 줄 수 있겠다는 생각에서였다. 그리고 내 성격도 그런 쪽에 더 맞는 것 같았다.

의사 집안 장남이라 의대에 오긴 했지만, 컴퓨터나 전자 부품 쪽에 관심이 많았다. 따라서 의학 연구 쪽을 선택하면 실험실에서 자연스럽게 그런 것들을 만질 수 있을 것 같다는 생각이 들었다. 그 중에서도 특히 전기생리학에 관심이 많았는데, 전기생리학은 유난히 물리와 가까운 분야이다. 사람이 생각을 하면 작은 전기 신호가 신경을 통해서 근육에 전달된다. 전기가 생겨서 사람이 생각을 하게 되고, 심장이 스스로 뛰게 되고 자신의 의지대로 몸을 움

직일 수 있는 것이다. 그런 쪽을 연구하는 분야가 전기생리학이다.

의대를 졸업하고 전기에 대한 공부를 하기 위해 처음 실험실에 들어갔을 때의 일이다. 실험실에서 동물 조직을 추출해서 전극을 꽂은 후 전극들을 컴퓨터에 연결하거나 오실로스코프에 연결하는 작업을 했는데, 우연히 전극에 손이 닿자 굉장히 큰 신호가 화면에 나타났다. 나는 첫날부터 큰 발견을 했나 보다 싶어 흥분한 나머지 선배를 찾아서 헐레벌떡 뛰어갔다.

그런데 선배는 당혹스러운 표정으로 나를 쳐다보았다. 잠시 뒤 당혹스러움은 노여움으로 바뀌고 경멸의 눈초리로 "야! 그거 상식이다, 상식!" 그러고는 쳐다보지도 않았다. 나는 너무나 무안해하면서 실험실로 돌아갔다. 당시 선배의 경멸 어린 말투와 눈초리에 나는 마음의 상처를 받았다. 이후 두세 달 정도 전기에 대해 공부를 한 뒤에야 정말로 그것이 상식적인 것이었음을 깨달을 수 있었다. 그러나 그 사실을 알게 된 다음에도, 선배에게는 상식이었겠지만 나에게는 상식이 아니었던 그때의 기억이 또렷이 남아 있다.

현대인에게 필요한 다섯 가지 자질

이 땅에서 전문가로서 생활하려면 상식과 포용력, 커뮤니케이션, 긍정적 사고, 끊임없는 공부, 한계 극복이라는 다섯 가지 마음가짐 또는 자질을 갖춰야 한다.

이때 상식이라고 하면 모든 사람이 아는 것이다. 모든 사람이 공통적으로 알 수 있는, 모르면 안 되는 것이 상식이다. 그런데 현대사회가 복잡해지면서 더 이상 모든 사람들이 아는 상식은 존재하지 않게 되었다. 각 전문 분야마다 상식이 다르다. 이제는 더 이상 한 사람, 한 분야의 상식이 다른 사람, 다른 분야의 상식과 일치되지 않는다.

예를 들어 엔지니어 출신, 즉 공대를 나온 사람들이 상식으로 알고 있는 것과 경영대를 나온 사람들이 상식으로 알고 있는 것에서 서로 공통점을 찾을 수가 없다.

그런데 그러한 것을 이해하지 못한 채 공대를 나온 사람과 경영대를 나온 사람이 함께 일할 경우 그것이 회사 일이든 프로젝트든, 나는 상식이라고 생각했는데 상대가 모른다고 하면 의심을 하게 된다. '아니, 이건 경영대를 나오지 않았어도 현대사회를 살아가는 사람이면 누구나 알 수 있는 건데, 왜 이걸 모른다고 할까? 혹시 거짓말 아닐까?' 이런 오해를 하게 되는 경우가 굉장히 많다. 특히 회사에서 그런 일들이 자주 일어난다.

상식이라는 말 뜻 자체가 모든 사람들이 알고 있는 것이다 보니, 사실상 현대인에게는 그런 것이 더 이상 통용되지 않는데도 오해를 하는 것이다.

그래서 사람마다 상식의 폭이 다르다는 생각, 나에게는 상식이지만 다른 사람에게는 상식이 아닐 수도 있고 다른 사람에게는 상식이지만 나는 모를 수 있는 영역이 있다는 깨달음, 그리고 내가 모르는 상식적인 부분이 있을 수 있다는 마음가짐 등이 굉장히 중요한 것 같다.

상식과 포용력을 갖춰라

따라서 사회에 나가서 전문가로서 활동하려고 할 때, 반드시 필요한 첫 번째 부분은 다른 분야에 대한 상식과 포용력이다.

가장 좋은 자동차 회사라 할 수 있는 도요타 자동차에서 요구하는 인재상을 간단하게 살펴보겠다. 도요타 자동차는 T자형 인재를 요구한다. T자형 인재는 도요타에서 개발한 개념으로, 그 알파벳 모양을 보면 참 잘 만들었다는 생각이 든다.

T에서 아래 막대기는 한 분야에 대한 깊이 있는 전문성을 뜻하고, 수평 막대기는 다른 분야에 대한 상식과 포용력을 뜻한다.

T자형 인재

한 분야에 대한 전문성과 더불어 다른 분야에 대한 상식과 포용력을 갖춘 인재

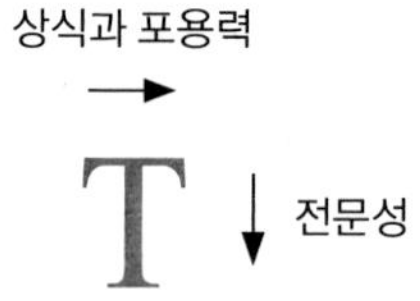

T자형 인재는 한 분야만 알아서는 안 되고 다른 분야들에서도 상식과 포용력을 갖추어야 한다. 따라서 자기가 모르는 부분이 있을 수 있다는 것에 대해서 마음을 열어두게 된다. 자기 상식으로 이해되지 않는다고 해서 무조건 폄하하거나 오해하거나 받아들이지 않으려는 자세보다는, 자기가 모를 수 있다는 것을 인정하고 받아들이려는 자세를 갖추게 된다.

예전에 레오나르도 다빈치의 시대에는 한 사람이 예술가도 되고, 의학자도 되고, 엔지니어도 되었다. 다시 말해서 한 사람이 굉장히 많은 일을 할 수 있었다. 반면 현대는 한 사람이 할 수 있는 일이 거의 없다고 보면 된다. 오히려 한 사람이 할 수 없는 의미 있는 일을 여러 사람이 모여서 함께 이루어가는 것이 현대사회다. 그것이야말로 현대사회에서 사람들이 모여서 함께 일하는 근본적인 이유이기도 하다. 따라서 이러한 복잡한 현대사회에서 여러 분야의 전문가들이 모여서 함께 일을 해나가기 위해서는 다른 분야에 대한 포용력과 상식들이 절대적으로 필요하다.

커뮤니케이션 능력을 길러라

두 번째는 커뮤니케이션이다. 예를 들어서 시험을 칠 때, 답지에 정답을 하나씩 내려 썼다면 빵점이 나올 것이다. 수능시험에서 그런 일이 발생했다면 뭐라고 항변할 것인가? 나는 분명 백 점을 받을 수 있는 사람인데, 실수 때문에 이렇게 됐다고? 물론 항변할 수는 있지만, 그렇다고 시험 점수가 바뀌지는 않는다. 남들이 이해는 해줄 수 있겠지만 인정을 못 받으니 아무 소용 없다는 이야기다.

전문가도 마찬가지다. 아무리 실력이 좋아도, 혼자서 일하던 시대에는 상관이 없었지만, 현대사회와 같이 복잡한 사회에서는 다른 분야의 전문가들에게 자신의 지식을 제대로 전달해야 한다. 여러 분야의 전문가들이 모여서 한 사람이 하기 힘든 일을 함께 이루어가야 하기 때문이다.

오늘날 전문가의 실력은 다음과 같은 간단한 수식으로 설명할 수 있다.

현대사회 전문가의 실력 = 전문지식 × 커뮤니케이션 능력

비록 세계 수준의 전문지식을 갖고 있는 사람이라 할지라도 그 사람의 커뮤니케이션 능력이 0점이면, 그러니까 자신만 알고 다른 사람에게 이해를 못 시킨다면 외부에서 평가하는 그 사람의 실력은 0점일 수밖에 없다. 절대로 세계 수준이 아니라는 얘기다. 이 점을 늘 명심해야 한다.

도요타 자동차의 T자형 인재를 다시 한 번 살펴보자. T자형 인재는 그 자체로는 굉장히 좋은데, 개인 중심 성향이 강하다는 게 단점이라 할 수 있다. 한 개인이 가지고 있는 전문지식과 다른 분야에 대한 상식의 폭을 말하므로 결국 개인에 국한되어 있는 것이다.

A형 인재

한 분야에 대한 전문성, 상식과 포용력, 커뮤니케이션 능력을 갖춘 인재

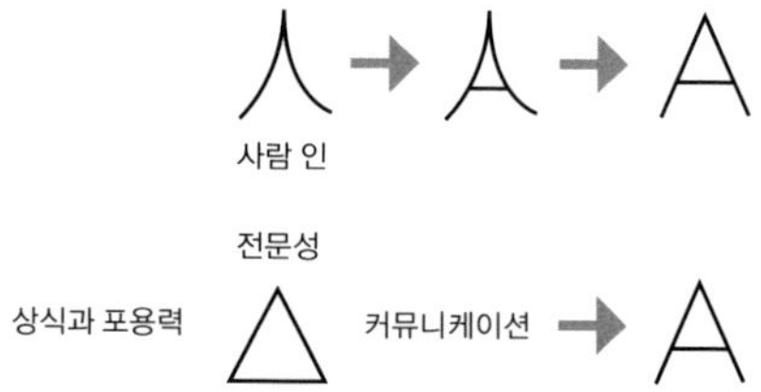

그런데 현대사회는 혼자서는 일할 수 없으므로 T자형 인재만으로는 부족하고 다른 사람들과의 커뮤니케이션 능력을 갖춘 인재가 필요하다. 그래서 안연구소는 A형 인재라는 걸 만들었다. A를 그림으로 풀면 사람 인(人) 자에 가교 역할을 하는 막대기(-)가 놓인 것으로 볼 수도 있다. 이는 커뮤니케이션이 필요하다는 뜻도 된다. 또 한편으로는 A가 삼각형이니까 그 세 가지 요소, 다시 말해서 한 분야에 대한 전문성, 다른 분야에 대한 상식과 포용력, 커뮤니케이션 능력 그 셋이 있는 인재가 현대사회에서 정말 필요한 인재이자 전문가라고 보는 것이다. 이는 여러 분야의 전문가들이 함께 이루어나가는 것이 중요하다는 개념에서 출발한다.

미국에서 3년 동안 MBA 공부를 할 때는 영화 볼 시간이 거의 없었다. 한국에 돌아와서 처음 봤던 영화가 〈웰컴투동막골〉이다. 어떤 내용인지도 모르고 800만 명이나 봤다고 하니까 호기심이 발동해서 본 영화다. 공산군, 국군, 미군 패잔병들이 동막골이라는 산골 마을에 모여서 우여곡절 끝에 친구가 됐는데, 미군이 이 마을을 기습하려고 하자 오히려 거기에 맞서 싸운다는, 줄거리만 놓고 보면 처음에는 약간 당황스럽기까지 했다. 그러나 영화가 시대의 흐름과 대중의 생각을 반영한다는 점을 고려해보면 충분히 이해가 간다.

21세기 현대사회를 이끌어가는 또는 변화시키는 키워드를 하나만 꼽으라고 한다면 탈권위주의를 꼽고 싶다. 예전에는 아주 국한된 조직이나 지위에 있는 사람들이 모든 권력과 정보를 독점하고 자기 입맛에 맞게 정보를 가공해서 일반 대중에게 보내는 방식이었다.

하지만 21세기에는 그러한 권력, 힘, 정보가 일반 대중에게 있다. 대중이 정보와 힘을 가지고 적극적으로 참여하고 공유하면서 인정받는 시대인 것이다. 그런 커다란 힘이 어떤 하나의 분야만이 아니라 정치, 경제, 사회, 문화, 심지어 기술에까지 미치며 현대사회를 바꾸어가고 있다.

기술의 경우 웹2.0을 예로 들 수 있겠다. 웹2.0이라는 개념 자체가 일반 대중들이 적극적으로 참여해서 스스로 콘텐츠를 만들고 공유하는 것이다. 그러니까 현대사회에서 기술 발전은 그냥 사회의 흐름과 동떨어져서 가는 게 아니라 사회 변화를 반영하고 오히려 그것들을 더 강화시키는 쪽으로 발전된다. 그런 기술만이 사회에서 수용된다.

이제 21세기는 탈권위주의 사회이고, 그 어떤 이데올로기보다도 개인의 가치가 훨씬 더 소중한 사회다. 그런 맥락에서 생각해보면 〈웰컴투동막골〉이라는 영화의 스토리도 충분히 납득할 수 있고, 정말 많은 사람들이 공감한 것들이 이해가 되었다.

리더십도 이러한 관점에서 접근해야 한다. 예전의 리더십이 카리스마가 있는 리더가 지위와 권한을 가지고 발휘하는 리더십이었다면, 현대의 리더십은 대중이 스스로 판단해서 자신이 따라갈 만한 사람에게 부여하는 것이 리더십의 요체이다. 앞으로는 이러한 패러다임의 변화를 잘 이해하고 있는 리더들만이 급변하는 환경을 잘 헤쳐나갈 수 있을 것이다.

긍정적인 사고방식을 가져라

세 번째로 이야기하고 싶은 것은 긍정적 사고이다. 미국에서, 연구자들이 흉악범들만 모아놓은 감옥에서 인터뷰를 한 적이 있다. 수감자들이 어떤 생각을 하면서 살고 있는지 연구하기 위해서였다. 그런데 놀랍게도 대부분의 수감자들이 자신은 잘못이 없다고 생각한다는 사실이 드러났다. 자신의 잘못이 아니라 자신이 처해 있는 상황이나 다른 사람들 때문에 그런 지경에 빠지게 되었으며, 만약 다른 사람들이 자신과 같은 상황이었다면 그들 역시 똑같은 지경이 되었을 거라고 주장했다. 더욱 놀라운 점은 누가 봐도 변명의 여지가 없는 연쇄살인범들조차 자기 잘못이 아니라고 생각한다는 것이다.

보스턴컨설팅그룹의 부사장을 지낸 지니 다니엘 덕의 책에도 이와 비슷한 이야기가 나온다. 어린 딸아이에게 처음으로 초콜릿을 사주었는데, 쉬지 않고 먹는 모습을 보고 걱정이 돼서 그만 먹게 한 뒤 잠자리에 들었다. 그런데 한밤중에 부스럭거리는 소리가 나서 거실로 나가보니 딸이 남은 초콜릿을 먹고 있었다. 그래서 야단을 쳤더니 딸이 한다는 첫마디가 "동생이 있었으면 그 애가 먹었다고 할 텐데"였다고 한다.

그러고 보면 이처럼 어떤 일이 잘못되었을 때 스스로를 합리화하고 주위 환경이나 다른 사람을 탓하는 것은 자라면서 배운 것이라기보다 오히려 본성에 가까운 게 아닐까 싶다.

그런데 문제는 이렇게 행동할 경우 자기 실수에서 배울 게 없다는 데 있다. '절반의 책임'이라는 말이 있다. 아무리 노력해도 일이 잘못되는 경우도 있고, 정말 자기 잘못은 하나도 없는데 일이 잘못되는 경우도 있다.

잘되는 사람들의 공통적인 특성 중에 하나가, 그럴 때일지라도 잘못의 절반은 자기에게 있다고 생각하고 거기서 교훈을 얻으려고 한다는 것이다. 그들은 다음에는 어떻게 하면 이런 불행한 상황에 빠지지 않을 수 있을까, 어떻게 하면 이런 실수를 반복하지 않을 수 있겠는가라고 생각한다. 설령 자기에게 잘못이 없다고 할지라도 그런 상황에 빠지기까지 자신이 원인 제공을 한 것은 사실이니까.

스스로 배우려고 노력하는 사람들은 그런 노력들을 통해서 점차 시행착오를 줄여나간다. 그렇게 되면 매사는 점점 더 좋은 방향으로 나아간다. 만일 그게 아니라 어떤 상황이 잘못됐을 때 누구 탓이라고 상황 탓이라고 계속 불평만 하면, 그 사람은 같은 상황에 또 빠질 수 있고 같은 실수를 또다시 반복하게 된다. 그 결과 세월이 쌓이면 전자와 후자는 점점 더 차이가 벌어지게 된다.

어떤 일이 잘못됐을 때 주위 상황을 탓하는 건 누구나 할 수 있지만 그런 상황이 반복되지 않게 하려면 자기 스스로의 노력이나 마음가짐이 필요하다. 그중 하나가 최소한 절반은 나에게 책임이 있다고 생각하고, 어떻게 하면 이런 실수를 반복하지 않을 수 있는지 스스로 생각해보는 습관과 생활 태도, 마음가짐을 가져야 한다.

끊임없이 공부하는 자세를 가져라

네 번째로 이야기하고 싶은 부분은 끊임없이 공부하는 자세다. 의대를 졸업한 뒤 실험실에서 연구할 때의 일이다. 그 당시 내가 하던 연구 과제가 우리나라에서 몇 사람 하지 않던 분야이다 보니 세계적인 저널에 논문을 싣는 것을 목표로 삼아야 했다. 어느 날 밤 잠자리에 들었는데, 갑자기 내 경쟁상대가 한 번도 얼굴을 본 적도 없는 사람이지만 나와 같은 연구를 하는 미국이나 유럽에 있는 사람들이라는 생각이 들었다. 그러자 나의 경쟁상대는 지금 열심히 공부하고 있겠다는 마음에 허겁지겁 일어나서 공부를 했다. 그 사람 잘 때 나는 공부할 수 있으니 결국 마찬가지인데 말이다.

그러다가 박사 학위를 받고 군의관으로 가게 됐다. 장교라서 사병보다 훈련을 더 오래 받았는데, 훈련 기간에는 책을 못 보게 해서 석 달 동안 글 한 자 읽지 못했다. 그 뒤 부대에 배치를 받았는데 이상하게도 마음이 너무나 편안했다. 예전에는 그렇게 많이 보이던 열심히 일하는 사람들이 점점 보이지 않게 되었고, 마음이 너무너무 편안해졌다.

그렇다고 그런 사람들이 모두 사라진 게 아니었다. 내 눈에만 안 보였던 것뿐이었다. 세상은 예전과 다름없이 빨리 도는데……. 그래서 그런 경험들을 하면서 지금 이 순간에도 나의 경쟁자들, 열심히 하는 사람들은 항상 존재하게 마련이고, 그런 것들을 늘 인식하려면 공부하는 수밖에 없다는 생각이 들었다.

중소기업과 벤처기업들을 돕기 위해서 스스로 CEO를 그만둔

후, 공부를 더 해야겠다 싶어 MBA 학위 과정을 택했다. 40대 중반에 공부하는 경우 편하게 청강생으로 가거나 객원연구원visiting scholar으로 갈 수도 있지만 굳이 학위 과정을 선택한 이유는 마음 편하게 하는 공부는 남는 것이 없다는 판단에서였다.

나의 원칙 중 하나가 'No pain, No gain'이다. 남들은 속일 수 있어도 자신은 속일 수 없다. 공부를 할 때 좀 편하다는 생각이 들면 스스로 경계하게 된다. 별로 남는 게 없다는 사실을 스스로 잘 알기 때문이다. 고생을 하면 지금 당장은 힘이 들지만 나중에 훨씬 많은 것을 깨달을 수 있다.

그래서 40대 중반에 토플 시험과 GMAT 시험을 치고 인터뷰를 봐서 학위 과정에 들어갔다. 10년 이상 회사 경영을 해봤기 때문에 내심 다른 학생들보다 훨씬 많은 것들을 알고 있을 것이라 생각했다. 하지만 2년 동안 MBA 공부를 하면서 어떤 부분들은 괜찮았지만 어떤 부분들은 부끄러울 정도로 참 부족하다는 사실을 깨닫게 되었다. 분명 경험만으로는 채울 수 없는 부분이 존재했다. 이 사실을 깨달은 것이 나에겐 그 어떤 것보다 큰 수확이었다.

한계점을 높여라

이라크 전쟁이 한창일 때 강인선이라는 여자 종군기자가 미군 수송부대와 함께 남쪽 해안에 상륙했다. 다음은 전쟁이 한창인 바그다드를 향해 북진하는 도중에 쓴 글이다.

25일 오전 기사를 쓰고 있는데, 부대를 총지휘하는 대령이 찾아와서 돌아가고 싶냐고 묻는다. 나는 바그다드까지 가서 이 전쟁의 끝을 보고 싶은 생각과 이쯤에서 돌아가고 싶은 생각이 반반이라고 솔직하게 말했다. 대령은 내 옆자리에 앉았다.

"1976년 한국의 비무장지대에서 근무할 때, 북한군의 총격에 맞아 팔에 부상을 입었어요. 8·18 도끼만행 사건 직전입니다. 죽기 싫어서 상관에게 남쪽으로 옮겨달라고 했습니다. 그는 내게 여기서 도망치면 앞으로 어려운 일이 생길 때마다 항상 도망만 칠 것이라고 당장 나가라고 소리쳤습니다."

그 대령의 큰 눈에 눈물이 그렁그렁 맺혔다.

"당신이 여기까지가 나의 한계라고 생각해서 돌아간다면, 지금 그은 그 선이 평생 당신의 한계가 될지도 모릅니다. 그렇지만 옳다고 판단하는 일을 하십시오. 도와드리겠습니다."

그의 눈에서 눈물이 주르륵 떨어졌다. 나는 막사 밖으로 나가서 다시 불어닥치기 시작한 모래 돌풍 속에서 한참 동안을 멍하니 서 있었다. 선택할 수 있어 너무 괴롭다.

그 기자의 속마음을 정확히 알 수는 없지만 나름대로 추측해보면 이런 생각을 했을 것 같다.

'바그다드를 향해 하루하루 다가갈수록 죽을 확률은 점점 높아진다. 그러나 무서워서 포기한다면, 그리고 다음에 다시 이러한 기회가 오지 않는다면, 평생 후회하며 살게 될 것이다. 또한 만약 다음에 같은 상황에 처하게 되더라도, 한 번 물러난 지점을 넘기란

불가능해진다. 포기한 그곳이 내 인생에서 다시 넘을 수 없는 나의 한계점이 되어버리고 마는 것이다.'

이러한 삶은 종군기자라는 극한 상황에 처해 있는 사람들뿐만 아니라 일상을 살아가는 우리 모두에게 해당되는 이야기일 것이다. 어떻게 보면 우리는 매일매일 자신의 한계를 만들어가면서 살고 있을지도 모른다. 따라서 굉장히 힘든 순간이 오더라도 그냥 물러서기보다는 한 번 더 생각해보아야 한다. 굉장히 힘들고 물러설 수밖에 없는 상황에 처했을 때 그 이유를 생각해보면 여러 가지 이유가 있을 수 있다. 그렇지만 혹시나 이것이 내 인생에 있어서 내가 넘을 수 없는 한계를 만드는 순간이 아닌가라는 생각을 하면 그 순간의 선택이 달라질 수도 있을 것이다.

나는 27년간이나 학교를 다녔다. 한편으로 생각하면 우리나라에서 가장 비효율적으로 산 삶일 수도 있다. 의대에 들어가서 의사를 그만둘 때까지 14년간 의학 공부를 했다. 거기서 20대에 교수, 박사가 됐으니 나름대로 열심히 살았다고 자부할 수 있다. 그런데 그 삶이 경영자가 되니까 하나도 쓸모가 없었다. 그뿐만 아니다. 의학 공부를 하면서 동시에 병행했던 프로그래밍 공부 역시 마찬가지였다. 매일 새벽 3시부터 6시까지 7년 동안 컴퓨터에 대해 공부하고, 나머지 시간에는 의학 공부를 했다. 그렇게 고생해서 닦아놓은 프로그래밍 기술이 경영을 하는 데는 전혀 도움이 안 되었던 것이다.

만약 그전에 했던 일이나 경험을 많은 부분에 활용해서 다음 일을 하고 인생을 사는 것이 효율적인 삶이라고 하면, 내 인생은 완벽하게 실패작이라 할 수 있다.

그런데 꼭 그렇지는 않은 것 같다. 어떤 사람들은 내게 의대를 가지 않고 경영대나 공대를 갔으면 좀 더 빨리 이런 일들을 시작해서 지금보다 잘되었을 게 아니냐고 얘기한다. 하지만 나는 그렇게 생각하지 않는다. 오히려 의대를 나왔기 때문에 지금 여기까지 올 수 있었다고 생각한다. 의대에서 쌓았던 지식들은 사라졌지만 그때 열심히 살았던 삶의 태도는 지금도 여전히 남아 있다. 지식은 사라지지만 삶의 태도는 변하지 않는다. 그런 삶의 태도가 지금의 나를 만들었다. 열심히 산다는 의미는 효율적인 삶과는 다르다. 그게 20년 동안 여러 가지 직업을 경험하면서 내가 터득한 생각이다.

안정이라는 것 역시 마찬가지다. 요즘에는 안정을 찾아서 의사, 변호사, 또는 공무원 시험 준비를 하는 대학생들이 많다. 내가 보기엔 그 안정이라는 게 환상인 것 같다. 일례로 한 통계에 따르면 병원을 차릴 경우 20퍼센트 정도는 망한다고 한다. 철밥통이라 여겨지던 공무원 역시 감축 대상이 될 수도 있으므로 결코 안정이 보장된다고 볼 수 없다.

산다는 것 자체가 안정의 반대말이다. 생물학적으로 보면 세포가 삶을 영위하기 위해서는 바깥에 있는 영양분들을 끌어들이고, 세포 속으로 들어오는 소듐sodium들을 바깥으로 퍼내고, 또 바깥에 있는 포타슘potassium을 끌어모아야 한다.

안정은 죽음 다음에 찾아오는 것이다. 세포가 죽으면 세포막이 터지고 그동안 모아놨던 영양분과 포타슘이 다 빠져나가고 소듐이 들어온다. 결국 안정적인 삶이란 환상이다. 오히려 자기가 인생의 주인이 되어 스스로 개척할 때 자기가 정말 원하는 일을 할 수 있다.

여러 차례 직업을 옮기기는 했지만 매 순간 열심히 살아왔다. 안정적인 의사를 뒤로하고, 안정적인 CEO를 뒤로하고, 그렇게 계속 옮길 수 있었던 것은 매 순간 어떤 게 나에게 더 의미가 있고, 더 재미와 보람이 있을지 고민했고, 그리고 더 잘할 수 있을 것 같은 일이 보였기 때문이다.

앞서 한 이야기들을 정리하자면 첫째는 다른 분야에 대한 상식과 포용력, 둘째는 커뮤니케이션 능력, 셋째는 긍정적 사고, 넷째는 끊임없이 공부하는 자세, 그리고 다섯째는 자신의 한계를 높여가겠다는 마음가짐이다. 이 다섯 가지를 가진다면 누구나 남 보기 좋은 삶보다는 자신이 행복한 삶을 찾을 수 있을 것이다.

| 안철수의 경영철학 |

기업이란 혼자서 할 수 없는 의미 있는 일을 여러 사람이 함께 이루어가는 것이다.
이윤은 목적이 아닌 결과이다.
기본이 중요하다.
결과만큼이나 과정도 중요하다.
장기적인 시각에서 판단한다.

CEO 생생토크

1_ 의장님께서 지금까지 살아오면서 했던 선택 중에서 가장 잘한 선택과 가장 후회스러운 선택은 무엇입니까?

두 가지 모두 CEO를 한 것입니다. CEO를 처음 하고 나서 너무 힘들더군요. 직원이 10명일 때 CEO가 해야 할 역할과 30명일 때, 50명일 때, 100명일 때, 150명일 때, 300명일 때, 500명일 때 다 다릅니다. 예를 들면 10명일 때 CEO가 해야 하는 역할은 회사의 모든 일에 일일이 관여하는 겁니다. 모든 것을 다 관리하고, 함께 의사결정하고, 10원 한 푼까지도 계산기로 두드려서 확인을 해야 회사가 잘 굴러갑니다. 그런데 30명일 때부터는 권한 위임을 해야 합니다. CEO가 직원이 10명일 때와 똑같이 행동하면, 회사가 돌아갈 수는 있지만 CEO도 지치고 안 보이는 면들이 나타나게 되면서 회사가 망가집니다. 따라서 자기가 하고 싶고 잘할 수 있는 일만 하는 것이 아니라, 조직이 원하는 리더가 되어야 합니다.

10명짜리 CEO 역할에 고생 고생해서 익숙해졌던 습관을 전부 버리고 30명 조직에 맞는 CEO로 완전히 탈바꿈하려니 그게 엄청 괴로웠습니다. 오른손잡이가 어느 날부터 갑자기 왼손만 써야 한다고 생각해보세요. 순간순간마다 엄청나게 괴롭습니다.

거기에 겨우 익숙해지려고 하니 이번에는 직원이 50명이 되더군요. 그때부터는 전략적 사고strategic thinking가 필요한 때거든요. 그리고 직원이 100명으로 늘어나면 그때부터는 CEO 혼자 힘으로는 안 됩니다. 경영진을 구성해야 하는 단계입니다. 끝이 없더군요. 조직에 맞는 사람으로 탈바꿈해야 하는 그 괴로움과 고통이 10년간 지속됐습니다.

반면에 잘했던 선택 역시 CEO를 했던 것입니다.

나는 경영은 못할 거라고 예전부터 생각해왔고, 모든 사람이 저한테 그렇게 얘기했습니다. 대학교수를 해야 된다, 다른 거 하면 안 된다. 그런데 경영을 해보니까 남만큼은 할 수 있게 되더군요. 남보다 늦은 나이에 시작했지만 자기에 대해서 알게 된 셈이잖아요. 그리고 또 혼자서 전문가로서 느끼는 만족감과 CEO로서 느끼는 만족감은 차원이 다릅니다. 조직을 구성해 여러 사람들이 모여서 커다란 일을 함께 이루어가는 것만큼 의미 있는 일은 없다고 봅니다. 순간순간 고생은 되지만 결국 최종적으로 나오는 결과물 자체는 그동안의 고생에 대한 충분한 보상이 될 수 있는 거죠. 그래서 모든 선택에는 후회도 따르고 잘했다는 생각도 함께 드는 것 같습니다.

2_ 예전에 의장님께서 어떤 책에, 일본의 수학자 히로나카 헤이스케의 "나는 어떤 문제에 부딪히면 남들보다 미리 두세 배 시간을 투자할 각오를 한다. 그것이야말로 평범한 두뇌를 지닌 내가 할 수 있는 유일한 방법이다"라는 말을 좌우명으로 삼고 있다고 쓰신 적이 있습니다. 지금도 이 좌우명을 쓰고 계신지 궁금합니다. 만일 새로운 좌우명이 생겼다면, 무엇인지 알고 싶습니다. 그리고 정말로 본인의 두뇌가 평범하다고 생각하십니까?

노벨 물리학상 수상자인 리처드 파인만의 자서전을 읽어보면 천재가 어떤 사람이라는 걸 알 수 있습니다. 자기 자랑이 아니라 정말로 꾸밈없이 자기 자신에 대해서 썼는데, 그 책을 읽어보니까 알겠더군요. 진짜 천재는 이런 사람이구나 하는 것을. 그는 어릴 때부터 남달랐습니다. 손대는 것마다 못하는 게 없었습니다. 심지어 그림, 피아노까지도. 거기에 비하면 저는 작은 재능이 있다고 해도 보잘것없는 것이지요. 세상은 정말 넓고 똑똑한 사람들은 많습니다.

그래서 히로나카 헤이스케 교수의 말이 많은 공감을 불러일으켰습니다. 리처드 파인만과 같은 사람에 비하면 나 같은 사람이 어떤 일을 제대로 하기 위해서는 아예 처음부터 두세 배 이상 시간을 들일 수밖에 없겠다는 생각이 들었던 거죠. 또 그게 어떻게 보면 유일하게 할 수 있는 거잖아요. 참고 열심히 하는 수밖에. "No pain, No gain." 역시 사실은 같은 맥락입니다. 고생 안 하고 공부하면 남는 게 없다는 걸 저 스스로 잘 압니다. 예를 들어서 영어도 편하게 공부하면 안 남더군요. 고생 고생하고 남들 앞에서 영어로 발표하면서 몇 번씩 무안당하고 스트레스받고, 집에 돌아와서 샤워기 틀어놓고 고함을 질러야 그다음에 아주 조금 늘더라구요. 그런 과정들을 계속 겪어봤기 때문에 스스로는 알죠. 외부에서 보시면 많이 이루어놨다고 생각하실지 모르지만 하나하나가 제게는 고통이었습니다. 그래서 전 지금도 여전히 처음부터 두세 배 고생할 각오를 하면 마음이 편해집니다.

잠자는 창의를 깨워라

창조적 변화로 인생을 풍요롭게 디자인하는 방법

이승한 홈플러스그룹 회장

1970 삼성그룹 공채 11기 제일모직 입사

1994 삼성그룹 비서실 신경영팀장

1996 삼성그룹 보좌역 부사장

1997 삼성물산(유통부문) 대표이사

1999 삼성테스코 대표이사

2004 세계표준화기구(GS1) 부회장

금탑산업훈장 수훈

2007 대한민국 창조경영인 대상 수상

2008 홈플러스그룹 회장

대영제국 기사단 훈장(CBE) 수훈

이 승 한

업계 꼴찌였던 회사를 가장 존경받는 기업으로!

1999년 이미 과열 분위기에 접어든 할인점 시장에 뛰어들어 최단기간에 업계 톱 브랜드로 키워낸 홈플러스 그룹 이승한 회장. 지난 8년(2000~2007년) 동안 홈플러스의 연평균 매출은 47퍼센트, 이익은 4배가 넘는 175퍼센트나 증가했으며, 2008년에는 7조 3,000억 원의 매출을 기록했다. 그리고 2009년에는 홈플러스가 '가장 존경받는 기업'에 선정되기도 했다.

창조경영의 선구자

이승한 회장은 창고형 할인마트 정도로 생각되던 제1세대 할인점을, 세계 어느 곳에서도 유례를 찾아볼 수 없는 제2세대 할인점인 '가치점'과 제3세대 할인점인 '감성점'으로 탈바꿈시켰다. 가치점은 원스톱 쇼핑에 생활편의시설을 더한 개념이고, 감성점은 문화를 향유할 수 있도록 할인점의 개념을 진일보시킨 개념이다. 뿐만 아니라 삼성과 합자한 영국 테스코 사에 홈플러스 브랜드를 역수출해서 이미 성공을 인정받은 바 있다.

그는 또한 '창조경영의 선구자'로도 명성을 높이고 있다. 그러나 오늘의 성공 뒤에는 남모를 시련 또한 컸다. 아들의 갑작스러운 죽음에 이어진 아내의 암 투병. 그는 자신에게 닥쳐온 일생일대의 시련을 극복하는 과정에서 어려움이 단지 어려움으로만 끝나지 않는다는 사실을 깨달았다고 한다. 인생의 어려움을 뛰어넘어 유통업계의 '미다스 손'으로 통하는 이승한 회장이 펼치는 창조경영은 어떤 것일까?

이승한 창조경영의 실천가, CEO 이승한. 그는 할인점 업계 최초로 생활밀착형 서비스를 제공하는 2세대형 가치점을 창조했다. 이어서 고객의 감성 만족에 주목해서 예술, 관광 등 첨단 서비스를 더한 3세대형 감성점의 개념을 도입했다.

그 결과 4년 만에 업계 12위였던 회사를 연매출 6조 원대의 상위권으로 진입시켰다. 오늘도 숨어 있는 창의를 찾고 있는 그의 집요함은 멈출 줄 모른다. 잠자는 창의를 상상의 세계를 통해서 어떻게 깨우고 어떻게 현실에 활용하는지 그가 안내하는 창조의 세계로 함께 가보자.

과거에는 다들 디퍼런티에이트differentiate, 다시 말해서 차별화해야 한다고 애기했다. 그다음에는 이노베이트innovate, 혁신하지 않으면 살아남지 못할 것이라고 애기했다. 그러나 이제는 차별화와 혁신만으로는 경쟁력을 지킬 수 없는 세상이 되어가고 있다. 'create or die', 창조하지 않으면 살아남지 못할 것이다.

이 차별화와 혁신, 창조라는 세 가지 키워드를 분명히 기억해야 한다. 이제는 차별화하고 혁신하고 창조하지 않으면 살아남지 못하는 시대가 되었다.

이제부터 국가와 기업 그리고 개인의 경쟁력 강화를 위해 세계 역사를 바꾼 창조의 세계로 함께 여행을 떠나보자. 창조의 세계를 얘기할 때 가장 먼저 떠오르는 것은 미술이다. 미술은 그 자체가 창조인데 그동안 미술계에서는 과연 어떤 창조가 이루어졌을까?

창조가 만들어낸 예술 세계의 블루오션

과거 고전주의 미술이나 인상파 미술은 있는 그대로 그렸다. 미켈란젤로, 라파엘로, 레오나르도 다빈치로 대표되는 고전주의 미술 시대에는 사실 그대로 그렸다. 인상파의 르네, 고흐, 르누아르가 활동하던 시대에 들어 조금 색채가 변하긴 했지만 여전히 푸른 하늘은 푸르게 구름이 끼었으면 구름이 낀 대로 그렸다.

그런데 지금으로부터 100여 년 전에 앙리 마티스를 비롯해서 사실과는 전혀 다르게 그리는 화가들이 나타나기 시작했다. 그들은 하늘을 있는 그대로 바라보지 않았다. 푸른 하늘도 그들의 화폭 속에선 빨갛고 노랗게 표현되었다. 자기가 느끼는 감정을 있는 그대로 화폭에 담아내기 시작한 것이다. 그리고 원근과 명암을 무

고전주의 그림, 17세기 초반~18세기 후반, 라파엘로의 〈그리스도의 매장〉

인상주의 그림, 1860~1890년대, 장 프랑수아 밀레의 〈만종〉

시하고 모양도 현실, 즉 사실하고는 다른 이상한 비구상적인 자기가 느끼는 형태대로 표현했다.

하루는 이런 그림을 그리는 사람들이 파리에 모여서 전시회를 했는데, 미술평론가들이 와서 이렇게 말했다. "무슨 그림을 이렇게 해괴망측하게 그린 거야. 이건 말도 안 돼!" 미술평론가들은 이들을 '제대로 그림도 못 그리는 사람들, 야수 같은 사람들'이라

야수파 그림, 1905~1907년, 마티스의 〈붉은 스튜디오〉

불렀고 이후 이들에게 '야수파fauvism'란 이름이 붙었다. 야수파는 이러한 비판 탓에 오래 작품 활동을 하지 못하고 3년 만에 활동을 그만두게 된다.

그러나 100년 후 야수파의 영향을 받은 화가들이 하나둘 늘어가면서 자신이 느끼는 감성을 표현하고 형태가 다른 그림을 그리기 시작한다. 야수파의 3년간의 활동이 현대미술과 비구상 사조를 탄생시킨 것이다. 다시 말해서 야수파가 새로운 미술계의 블루오션을 창출한 것이다. 이는 기업의 블루오션과 마찬가지다. 미술계가 당시 새로운 상품, 새로운 영역을 창출한 것이다.

공간 창조 상품

이처럼 우리가 늘 창조적이라고 생각하는 미술에서도 이렇게 변천의 역사가 있음을 알 수 있다. 창조의 변천사는 여기에 그치지 않는다. 공간과 시간, 모양에도 창조의 변천사가 있다.

공간에서 창조를 얘기할 때 가장 대표적인 사례가 두바이다. 두바이는 도시 자체가 창조라는 개념의 집합체이다. 이 나라의 지도자 셰이크 모하마드는 왕세자 시절 200명의 싱크탱크를 두바이에 초청한다. 석유 고갈 이후 나라의 생존을 모색하기 위해서였다. 셰이크 모하마드는 이들에게 블루 스카이에 세계 최고의 랜드마크적인 마스크를 만들어내라고 요청한다. 그리하여 가장 보잘것없는 사막의 도시, 가장 형편없는 망루의 도시 두바이가 완전히

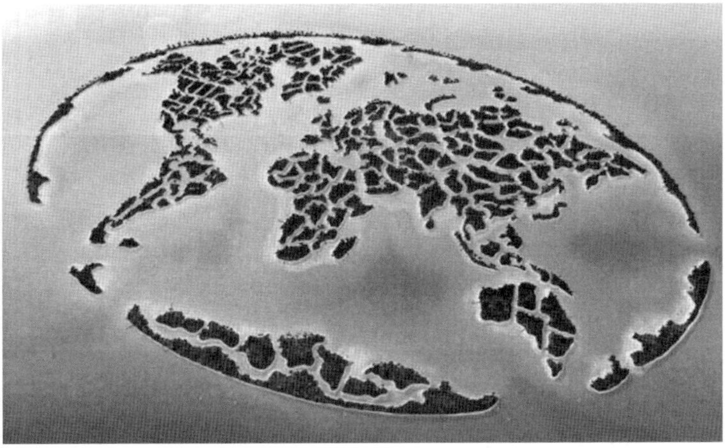

300여 개의 인공 섬으로 이루어진 '더 월드'

신화와 같은 존재로 탈바꿈하게 된다.

그 대표적인 사례가 더 월드The World다. 더 월드는 두바이가 세계 지도를 본떠 만들고 있는 인공 섬이다. 두바이는 300여 개의 인공 섬을 만들 계획이다.

국력은 해안선의 길이에 비례한다는 말이 있다. 두바이의 해안선 길이는 70킬로미터에 불과한데, 더 월드가 완공되면 해안선의 길이가 1,500킬로미터로 증가한다. 나라의 해안선을 연장하는 그런 장대한 프로젝트까지 생각한 것이다. 지도자가 지닌 비전에 따라 놀라운 신화가 창조될 수 있음을 보여주는 좋은 사례다.

그다음 사례로 터닝 토르소Turning Torso를 들 수 있다. 터닝 토르소는 스웨덴 말뫼 시에 있는 54층 높이 192미터의 건물로 비틀린 디자인으로 역동적인 형태의 모습을 자랑한다. 터닝 토르소 덕분에 말뫼 시는 북유럽 최대의 랜드마크로 발돋움했다.

'터닝 토르소', 스웨덴 말뫼 시 소재, 산티아고 칼라트라바 작품

'다이내믹 타워', 두바이에서 세계 최초로 선보일 회전식 빌딩, 데이비드 피셔 작품

여기에 한 술 더 떠서 두바이에 건설 중인 다이내믹 타워Dynamic Tower는 터닝 피라미드Turning Pyramid라 해서 각 층이 회전하면서 위로 올라간다.

그리고 체코의 수도 프라하에 있는 댄싱 빌딩Dancing Building에도 수많은 관광객이 모인다. 유명한 해체주의 건축가인 프랭크 게리가 만든 것이다(프랭크 게리에 대해서는 잠시 뒤에 좀 더 살펴보겠다). 달걀 모양으로 생긴 런던 시청도 아주 독특한 모습이다. 공공건물 하면 다들 아주 딱딱한 건물을 연상하는데 얼마나 부러운 일인가.

자, 그러면 서울은 어떨까? 서울시가 샌프란시스코와 도쿄를 물

'댄싱 빌딩', 체코 프라하 소재,
프랭크 게리 작품

리치고 2010년 월드디자인시티WDC로 선정되었다. 그리고 이 일을 계기로 2008년 10월에는 서울디자인올림픽을 개최했다. 서울시의 디자인이 형편없는데 어떻게 선정됐느냐고 의아하게 생각할 사람들이 많을 것이다. 2010년까지 가장 빠르게 디자인을 바꿔서 아름다운 도시로 만들 가능성이 있는 도시라는 게 선정 이유다. 그

'런던 시청', 뉴먼 포스트 작품

서울시 신청사 조감도, 유걸 작품

일환으로 서울시는 신청사를 짓고 있는데, 신청사 디자인은 과거의 역사적인 유물의 껍데기를 보존하면서 아주 현대적인 건물과 독특하게 조화를 이루어냈다는 점이 돋보인다. 건축가의 이름 또한 특이하다. 유걸이다. 한마디로 '당신 여자'라는 뜻이다.

이번에는 문화공간을 살펴보자. 문화공간 하면 스페인 빌바오의 구겐하임 뮤지엄을 소개하지 않을 수 없다. 이 빌바오는 원래 탄광도시였는데, 탄광산업이 쇠락하면서 경제가 몰락하기 시작한다. 그런데 세계적인 건축가 프랭크 게리가 빌바오 구겐하임 뮤지엄을 설계하면서 도시의 운명이 바뀐다. 프랭크 게리는 건축계의 노벨상이라 부르는 프리츠커 상을 수상한 캐나다 출신의 세계적인 건축가이다.

이 건물은 건물의 고정관념을 깬 설계로 '20세기 인류가 만든 최고의 건축물로 칭송받으며 폐광촌 경제 부흥에 공헌함으로써

'빌바오 구겐하임 뮤지엄', 스페인 빌바오 소재, 프랭크 게리 작품

컬처노믹스culturenomics, culture+economics란 신조어를 탄생시켰다. 구겐하임 뮤지엄이 들어서고 난 뒤에 빌바오에는 해마다 약 200만 명의 관광객이 모여들고 있다. 빌바오의 경제가 이 한 건물로 일어나기 시작한 것이다. 창조적인 공간이 경제적 부를 창출할 수 있다는 얘기다.

시간 창조 상품

공간뿐만 아니라 시간에서도 창조 상품을 찾을 수 있다. 일명 창시創時 상품이다. 쉽게 말하면 시간을 절약해주는 창조적인 상품이다. 회전초밥, 3분 카레와 같은 레토르트 식품, 폴라로이드가 대표적이다. 폴라로이드는 아날로그 방식이라 자취를 감추었다가 현대인의 시간을 절약하는 데 필요하단 이유로 다시 빛을 보았다. 5분 만에 머리를 깎아주는 블루클럽 역시 시간 절약 상품이다. 이런 상품을 절시節時상품이라 한다.

반면 시간을 연장하는 확시擴時상품도 있다. 확시상품은 시간이나 계절에 상관없이 활용 범위를 확대한 상품을 말한다. 캐리비안 베이처럼 1년 내내 수영을 즐길 수 있는 사계절 수영장, 은행 업무시간에 상관없는 24시간 은행, 마트에 가지 않고 하루 종일 쇼핑할 수 있는 온라인 홈쇼핑 등이 있다. 뉴욕에는 24시간 법률 서비스를 제공하는 로펌도 있다.

왜 이런 곳들이 생기는 것일까? 이제는 모든 것이 세계화의 연장선상에서 이루어지기 때문에 시차가 존재할 수밖에 없다. 그러니 24시간 법률 서비스가 등장하는 것이다.

그리고 활시活時상품도 있다. 활시상품은 동시에 두 가지 이상을 제공하는 상품이다. 텔레비전 모니터를 장착한 러닝머신, 휴대용 오락기 등이 있다. MP3로 음악을 들으면서 산책을 하거나, 지하철에서 DMB 폰으로 어학 공부를 하는 것도 한 예다.

홈플러스는 약 600개의 문화 교육 프로그램을 운영하는데 엄마들이 교육을 받는 동안 아이들은 어린이 놀이터나 놀이방에서 놀 수 있다. 아빠는 금융 서비스를 받으러 가고. 이런 것들 역시 활시상품을 확대한 것이다.

오감 창조 상품

이번에는 오감에 대한 상상이다. 맛에 대한 상상, 모양에 대한 상상, 재미에 대한 상상이 있다.

먼저 맛에 대한 상상을 알아보자. 청국장이 파티시에를 만나면 아주 한국적인 청국장이 과자처럼 변신한다. 청국장에 초콜릿을 코팅한 제품이 있는데 이게 아주 인기를 얻고 있다. 그리고 꽁치 맛이 나는 아이스크림, 오이 맛이 나는 콜라도 있다. 이렇듯 서로 어울릴 것 같지 않은 재료들을 혼합한 맛에 대한 상상으로 창조 상품이 생겨난다.

모양에 대한 상상은 소비자의 구매력을 자극하기 위한 포장기법에 자주 사용된다. 바나나 껍질 속 수박, 오렌지 속 키위, 사과 속 토마토 등 의외의 모습에 고객들의 반응이 좋다. '응가 초콜릿'이라고 기저귀 안에 초콜릿이 들어 있는 상품이 있는데 이것도 주부들한테 폭발적인 인기를 얻고 있다.

재미에 대한 상상은 기존 상품에 새로운 요소를 더해 새로운 상품을 탄생시킨 것이다. 벨기에에 '디너 인 더 스카이Dinner in the Sky'라는 특이한 공중 레스토랑 체인이 있다. 말 그대로 하늘에서 식사를 하자는 뜻이다. 스물두 명이 한 테이블에 앉을 수 있는데, 테이블이 50미터 상공으로 올라간다. 안전벨트 착용은 필수다. 가격이 굉장히 비싼데도 불구하고 예약하기가 엄청나게 어렵다고 한다. 맛있는 음식과 더불어 아슬아슬한 쾌감을 즐기려는 사람들을 만족시켜주는 기발한 상품이다.

어떻게 창의를 끌어낼 것인가

상상의 세계로 들어가보니 시공간을 초월하고 오감이 다 터져 나온다는 사실을 알았을 것이다. 그러면 우리의 가슴속에서 창의를 어떻게 끌어낼 수 있을까?

한 미술관에 다음 그림이 걸렸다. 큐레이터가 이 그림을 보고 있는 관람객에게 "무엇이 느껴지나요?"라고 물어봤더니 다들 아무 말이 없다. 그런데 한 아이가 태연하게 얘기한다. "그 그림요, 하늘이 나는 거잖아요."

어른들은 아이들처럼 도저히 하늘이 난다는 상상을 할 수 없다. 하지만 하늘이 나는 상상력을 발휘해 다음 여섯 가지 퀴즈들을 풀어보자. 퀴즈들을 풀어가면서 창의가 어디서 비롯되는지 살펴보겠다.

창의 퀴즈 1. 'Opportunity is nowhere!(기회는 아무 데도 없다!)' 이 문장에서 단어를 살짝 바꿔서 반대되는 두 가지 뜻을 만들어보라.

정답은 Opportunity is now here!(기회는 여기에 있다!) 'nowhere'라는 단어를 조금 변형시켰을 뿐인데 완전히 의미가 달라졌다.

창의의 첫 번째 단계는 현상을 보고 질문을 던지는 것이다. '왜 그럴까?' 그렇게 질문을 던진 다음 '나도 할 수 있어, 한번 도전해 보자'라며 도전하는 데서부터 창의가 시작된다.

암탉과 꿀벌의 이야기는 도전에 대한 좋은 시사점을 던져준다.

하늘이 날다?

암탉과 꿀벌이 하늘을 나는 새를 봤다. 암탉과 꿀벌은 '아, 하늘을 나는 새는 정말 멋있구나. 나는 저렇게 날 수 없을까?'라고 생각했다. 그런 뒤 암탉은 자기 몸을 쳐다보았다. 커다란 두 날개가 눈에 띄었다. '내겐 큰 날개가 있으니까 날 수 있겠지'라고 생각하는 순간 또 다른 생각이 스쳤다. '나는 암탉일 뿐인데, 통닭이 될 운명인데 내가 날 수 있겠어?' 하고 의문을 던지며 도전하지 않았다.

그런데 꿀벌은 달랐다. 자기 몸을 들여다보니 작은 날개가 있었다. '작은 날개가 있네. 하지만 날갯짓을 하면 충분히 도전할 수 있겠어'라고 생각하는 순간 꿀벌은 엄청나게 큰 날갯짓을 하면서 하늘을 날 수 있었다.

의문을 갖고 도전하라! Question & Challenge!
➜ 도전에서부터 창의가 시작된다.

창의 퀴즈 2. 세계 최초로 비행한 라이트 형제의 직업은 무엇일까?
① 건축업자 ② 자전거 수리공 ③ 자동차 정비공 ④ 말 농장 운영

1903년에 하늘을 난 라이트 형제는 고등학교도 나오지 못한 자전거 수리공에 불과했다. 하지만 이들은 앞에서 얘기한 암탉과 꿀벌처럼 하늘을 나는 새를 보곤 '아, 어떻게 저 새는 날 수 있을까? 나도 날 수 없을까?'라고 생각하면서 자기 몸을 보았지만 날개가 없었다. 그러나 라이트 형제는 날개가 없음에도 불구하고 하늘을 날겠다는 엄청나게 높은 비전과 목표를 세운다.

많은 사람들이 창의성은 타고난 DNA나 천재성에서 나온다고 생각하는데, 전혀 그렇지 않다. 창의성은 본인이 얼마나 높은 꿈과 비전을 가지고 있느냐에 따라서 만들어지는 결과물이다.

두바이의 예를 다시 한 번 살펴보자. 두바이의 연간 관광객은 800만 명인데 서울보다 100만 명이 많다. 그런데 재미있는 사실은 셰이크 모하마드는 12년 전에 2018년의 관광객 목표를 1억 명으로 잡았다는 점이다. 그러면 800만 명에서 1억 명의 관광객을 유치하려면 온갖 기상천외한, 심지어는 해괴망측한 아이디어가 동원되어야만 할 것이다. 그것이 오늘의 두바이를 만들어가고 있다.

만약 당시 1억 명이 아니고 800만 명의 관광객을 목표로 잡았다면 어떤 아이디어가 나왔을까? 결과는 불을 보듯 뻔할 것이다.

개인으로서는 높은 꿈, 기업이나 국가로서는 높은 비전이 창의성을 가져온다는 얘기다.

높은 비전을 가져라! Set a high vision!
➡ 창의성은 높은 비전에서 나온다.

창의 퀴즈 3. 4개의 직선을 이어서 그려 아래 9개 점을 통과할 수 있는 방법은 무엇일까? 단, 9개의 점을 직선으로 연속적으로 연결해서 모두 통과해야 한다.

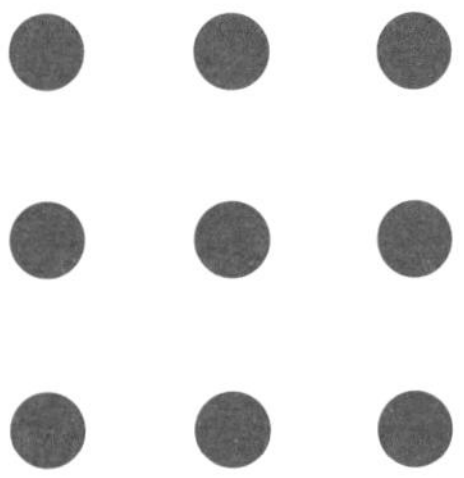

정답 :

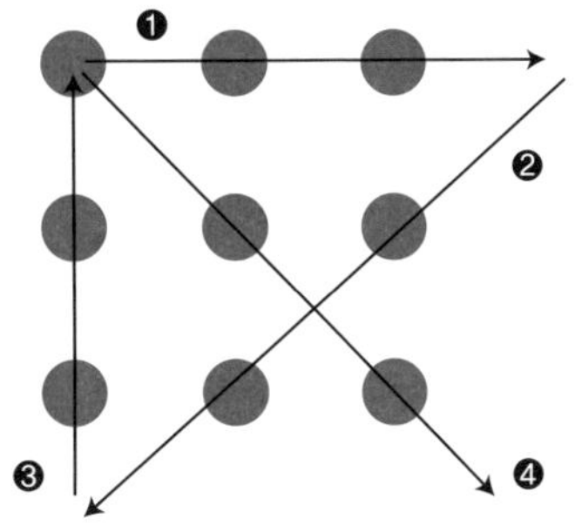

먼저 ❶을 보자. 일직선으로 해서 9개의 점 밖으로 일단 튀어나간다. 그다음에 대각선 방향으로 아래로 내려가는데 역시 이 9개의 점 밖으로 튀어나간다. 그러곤 위로 올라간 뒤 오른쪽으로 지나가면 9개의 점을 모두 통과하게 된다.

이 퀴즈에 담겨 있는 의미는 상자 밖에 나가서 생각하란Think out of the box 것이다. 상자 안에서는 상자가 보이지 않는다. 상자 밖에 나가야 상자를 볼 수 있다. 이와 마찬가지로 우리나라를 제대로 조명하려면 한국 바깥으로 나가 세계를 뛰어다니며 비교해가면서 보아야 한다. 그래야 한국이란 나라가 훨씬 더 분명하게 잘 보일 것이다.

상자 밖으로 나가서 생각하라! Think out of the box!
→ 밖으로 나갔을 때 문제가 보인다.

창의 퀴즈 4. 다음 그림은 무엇일까?

어른들한테 물어보면 주로 점, 태양, 동전, 달, 원, 지구 이런 대답이 나온다. 그런데 상상력이 풍부한 어린이들한테 물어보면 올빼미 눈, 전봇대, 담배꽁초, 별, 자갈, 짓눌린 벌레, 썩은 달걀 등등 별게 다 나온다. 어른들은 전혀 생각지도 못한 것들이다. 이렇게 어린이들은 상자 밖에 나가서 생각하되 한계를 두지 않고 무한대

로 상상의 영역을 넓힌다. 반면 어른들은 자신의 경험에 국한지어 상상한다. 상상의 폭이 좁은 것이다.

어린이처럼 상상하라! Imagine like children!
➡ 어린이의 상상에는 한계가 없다.

창의 퀴즈 5. 어떤 아버지가 아들들에게 젖소 열일곱 마리를 물려주면서 다음과 같은 유언을 남겼다.
"큰아들은 절반을 가져가고, 둘째아들은 그 나머지의 3분의 2를 가져가라. 그리고 막내아들은 또 그 나머지의 3분의 2를 가져가라. 그런데 젖소를 토막 내거나 새끼를 낳아서 나누거나 하는 방법을 쓰면 안 된다."

문제를 못 풀어 쩔쩔매던 세 아들이 현자를 찾아갔다. 세 아들의 얘기를 들은 현자는 "소를 한 마리 빌려줄 테니 가지고 가서 다시 나누어보시오"라고 말했다.

현자에게 소 한 마리를 빌려왔더니 소는 모두 열여덟 마리가 되었다. 그래서 큰아들이 절반인 아홉 마리를 가졌고 나머지의 아홉 마리의 3분의 2, 즉 여섯 마리를 둘째아들이 가졌다. 그리고 막내아들은 나머지, 즉 세 마리의 3분의 2인 두 마리를 가졌다. 그런 다음 남은 한 마리는 현자에게 다시 돌려주었다.

이처럼 어떤 문제가 풀리지 않거나 창의적인 생각이 나지 않으면 그 상태대로 두지 말고 발상을 전환해 새로 편성해나가야 한다. 그것을 'Change and reframe it!'이라고 한다.

바꿔서 재구성하라! Change and reframe it!
→ 문제가 안 풀릴 때는 바꿔서 풀어보라.

창의 퀴즈 6. 에디슨은 백열전구를 발명할 때 몇 번이나 실패했을까?

에디슨이 백열전구를 발명하자 어떤 기자가 와서 물었다.

"선생님, 백열전구를 발명할 때 무지하게 고생했다고 들었는데 도대체 몇 번이나 실패했습니까?"

그러자 다음과 같은 대답이 돌아왔다.

"난 한 번도 실패한 적이 없습니다. 단지 2,000번의 단계를 거쳐 전구를 발명했을 뿐입니다."

2,000번을 300일로 나누면 대략 6년이란 긴 기간이다. 하루에 한 번씩만 시험을 하더라도 이 얼마나 엄청난 일인가? 에디슨의 이야기는 우리에게 성공에 대한 확신, 신념을 갖고 집요하게 추진하란 메시지를 던져준다. 결국은 집요하게 추진하는 것만이 창조를 가져오는 마지막 단계라는 걸 강조하고 싶다.

앞서 살펴본 여섯 가지 창의 퀴즈를 바탕으로 창의 흐름의 단계를 정리해보면 다음과 같다.

집요한 신념을 가져라! Persevere with your success!
→ 성공은 신념이 완성한다.

- 창의 흐름 1단계 : 의문을 갖고 도전하라.
- 창의 흐름 2단계 : 높은 비전을 가져라.
- 창의 흐름 3단계 : 상자 밖으로 나가서 생각하라.
- 창의 흐름 4단계 : 어린이처럼 상상하라.
- 창의 흐름 5단계 : 바꿔서 재구성하라.
- 창의 흐름 6단계 : 집요한 신념을 가져라.

요약하면 첫 번째는 하늘에 새가 나는 것을 보고 '어떻게 날까?' 하는 현상에 대한 의문을 던지며 꿀벌같이 도전하는 데부터 시작한다. 두 번째는 라이트 형제와 같이 날개가 없지만 도전을 하되 높은 꿈과 비전, 목표를 가지고 하란 얘기다. 세 번째는 그렇게 달성하기 위해서는 우선 밖에 나가서 여러 가지를 보고 생각하라는 것이다. 네 번째는 상자 밖 생각을 갖되 어린이처럼 무한정으로 상상해야 한다. 다섯 번째는 수많은 아이디어들을 변화시키고 다시 재편성하는 작업을 해야 한다. 마지막으로는 성공에 대한 확신을 가지고 에디슨처럼 집요하게 추진해나가야 한다. 그래야 상상이 창의화되고, 이 창의가 창조를 가져온다. 이 창의 흐름의 여섯 단계를 잊지 말기 바란다.

창의 과정은 경영에 어떻게 도입되는가

그럼 이런 여섯 단계의 창의 과정이 홈플러스 경영에 어떻게 도입되었는지 살펴보겠다. 9년 전 우리 회사가 처음 시작할 당시 할인점 업계는 이미 11개 회사가 각축하는 레드오션, 즉 붉은 바다였다.

1단계는 '어, 저 위에 1위 업체가 있네. 나도 한번 날아봐?' 하고 생각한 것이다. 그런데 제일 나중에 들어온 12위 업체가 1위 자리까지 날아오르려면 어떻게 해야 할까, 어떤 비전과 목표를 가져야 할 것인가가 주된 고민거리였다. 한국이 아닌 세계 최고의 유통회사를 만들겠다는 비전과 목표를 가지고 라이트 형제처럼 날개도 없는 친구가 하늘을 날겠다고 결심했다. 업계 12위의 후발주자가 엄청나게 높은 목표를 설정한 것이다. 그것이 2단계였다.

그리고 3단계에 접어들어 높은 비전을 달성하기 위해 창의 퀴즈 3에서처럼 '상자 밖 생각'을 했다. 그래서 한국 시장은 물론 외국 시장에서 볼 수 있는 다양한 것들을 벤치마킹했다. 아마도 그 당시 세상에서 가장 많은 벤치마킹을 했던 것 같다. 그런 다음 상자 안을 들여다봤다. 상자 안 고객들의 소리를 듣기 위해 당시 한국에서 가장 많은 시장조사를 했다.

그랬더니 물건을 저렴하게 살 수 있는 것과 더불어 생활 서비스도 원스톱으로 해주길 바란다는 고객의 소리가 들렸다. 상자 밖으로 나갔더니 새로운 것들이 많이 보였다. 그래서 원스톱 생활 서비스를 제공하는 새로운 개념의 할인점인 '가치점'을 블루오션으로 생각해냈다.

홈플러스는 현재 600개 정도의 문화센터 프로그램을 가지고 있는데 세계 최대 규모다. 그리고 당시 한국 최초로 1층에 푸드코트를 넣었다. 또한 1층에 어린이 놀이터, 주민등록등본 같은 서류를 떼는 민원센터를 마련했다. 주변에서는 이런 나를 보고 "약간 맛이 간 사람이다"라는 말까지 나왔다. "저 사람 유통도 잘 모르는 것 같은데 아마 6개월에서 1년을 채 넘기지 못하고 자리를 내놓게 될 것이다"라는 우려의 목소리가 끊이지 않았다.

그런 주변의 우려를 뒤로하고 결국 점포를 열었다. 그런데 여러 사람의 생각과 반대로 근처에 있는 가장 강력한 경쟁사 점포 2곳의 매출을 합한 것의 1.5배를 팔았다. 고객들의 엄청난 호응을 받았다.

이렇게 블루오션을 만들어내자 처음에는 운이 좋았겠지라며 대수롭지 않게 여기던 경쟁사들이 그 이후 2~3년이 지나면서부터 현격한 차이가 벌어지자 안 되겠다 싶었는지 베끼기 전략으로 따라오기 시작했다. 그러자 푸른 바다가 다시 붉은 물결로 덮이기 시작했다.

새로운 상상으로 또 다른 블루오션을 만들어낼 필요성이 대두되었다. 그래서 시작한 것이 4단계 '어린이처럼 상상하기'였다.

신용카드, 모바일 클럽, 자동차보험, 대출, 여행 등 다양한 신유통서비스와 익스프레스, 컴팩, 인터넷 쇼핑과 같은 새로운 유통 포맷 등의 아이디어가 나왔다. 어린이처럼 상상하기는 무제한으로 아이디어를 내놓는 것이다. 아이디어의 쇼핑 리스트를 만들어보는 것이다. 고객이 할인점에서 쇼핑 리스트를 가지는 것처럼 기업도 어린이처럼 상상하면서 쇼핑 리스트를 가져야 한다고 생각했다. 그래야 더 많은 상상을 할 수 있다.

영국의 리테일 서비스를 근간으로 한국에 맞게 바꾸어보고 재구성하기를 반복하여 홈플러스만의 창의적인 신유통 형태를 만들어냈다. 그게 5단계다. 제3세대 할인점의 개념이라 할 수 있는 감성점이 바로 그 예이다.

원스톱 쇼핑 서비스, 원스톱 생활 서비스를 합해 각종 서비스를 제공하는 것이 제2세대 할인점의 개념인 가치점이다. 제1세대는 창고형 할인점이다. 그런데 이런 것들을 하나하나 더해가니까 타사에서 이것 역시 모방하기 시작했다. 하지만 하드웨어적인 쪽은 2~3년이면 따라올 수 있지만 이건 콘텐츠이니까 무늬만 따라오지 아직도 우리를 제대로 따라오지 못하고 있다.

그리고 미래를 미리 대비해야겠다는 생각에 새로운 아이디어를 떠올렸다. 또 다른 블루오션을 만들어야겠다고 생각한 것이다. 그렇게 해서 나온 것이 새로운 형태, 새로운 개념의 슈퍼마켓이다. 우리나라 대부분의 유통회사가 이 모델을 성공시키지 못했다. 그래서 나는 이 모델을 위해 집요하게 시장 테스트를 했다. 그것이 창의 흐름 6단계다.

이미 여러 유통회사가 실패해서 그만둔 것을 어떻게 성공할 수 있었을까?

벽에 화살을 쏘면 백발백중 맞히는 소년이 있었다. 나이도 어린 소년이 하도 신기해 국왕이 어쩌면 그렇게 신궁처럼 백발백중 과녁을 맞힐 수 있느냐고 물었다. 그랬더니 소년이 이렇게 대답했다.

"임금님, 저는 아주 간단하게 했습니다. 그냥 열 발을 벽에 마구잡이로 쏘고 난 다음 제가 걸어가서 동그라미를 그려넣었습니다."

바로 이것이다. 나는 이 새로운 포맷을 성공시키기 위해서 각기

다른 시장에 열 개의 활을 쏘았다. 그러고 난 뒤에 동그라미를 그렸는데 두 개는 안 들어간다, 세 개는 아니다 싶으면 그 화살을 뽑아내고 여덟 개에, 일곱 개에 집중하는 그런 테스트 마케팅을 통해 새로운 블루오션을 창출했다.

지금 우리 회사는 한니발이 알프스를 넘는 기분으로 집요하게 이를 추진하고 있는데 이제 거의 정상에 도달했다. 정상을 넘는 순간 로마는 평정될 것이라고 생각한다.

- **1단계 : 의문을 갖고 도전하라!**

  ➜ 1995년 11개의 회사와 경쟁해야 하는 레드오션 상황, 어떻게 단숨에 톱 브랜드로 만들 것인가?

- **2단계 : 높은 비전을 가져라!**

  ➜ 목표는 세계 최고!

- **3단계 : 상자 밖으로 나가서 생각하라!**

  ➜ 세계 최초로 제2세대 할인점 '가치점'이란 개념 창조.

- **4단계 : 어린이처럼 상상하라!**

  ➜ 새로운 상상 속에서 쇼핑 리스트를 새롭게 짠다.

- **5단계 : 바꿔서 재구성하라!**

  ➜ 누구도 따라올 수 없는 독특한 콘텐츠 개발에 주력한다.

• **6단계 : 집요한 신념을 가져라!**

→ 테스트하는 과정에서 결코 포기하지 않는다.

이렇게 여섯 단계를 거치며 창의적인 방향으로 상상을 해가면서 경영을 했더니, 1999년 12위에서 시작했는데 4년 만에 2위로 뛰어올랐다. 지금 상황으로는 2011년이나 2012년 정도면 1위가 될 수 있을 것 같다. 2009년에는 매출 10조 원을 목표로 삼고 있다. 대한민국 산업 역사상 가장 빠른 기간 내에 창조경영을 통해서 이루어낸 결과물이다.

그 결과 우리는 8년 만에 존경받는 기업 올스타에 등극했다. 대한민국 전 산업을 망라해서 30대 기업에 주는 건데 우리 회사는 14위를 기록했다. 그러나 할인점 업계에서는 우리가 1위다.

창의 흐름이라는 보석 덕분에 이런 영광스러운 자리에 오를 수 있었다. 창의 흐름은 기업체뿐만 아니라 개인의 인생에도 많은 도움을 준다. 이 여섯 가지 단계를 반드시 기억해두었다가 인생에 활용하기 바란다.

현상에 대한 의문과 도전 → 높은 비전 → 상자 밖 생각 → 어린이처럼 상상하기 → 바꿔서 재구성 → 집요한 신념

지금까지 얘기한 것들을 한마디로 정리하면 다음과 같다.

"Take the best, and make it better! When it does not exist, create it."

세상에서 가장 뛰어난 것을 가지고 오라. 그리고 그것보다 더 잘 만들라는 것이다. 그리고 만약에 그것이 없으면 스스로 창조해나가야 한다.

마지막으로 남기고 싶은 얘기는 "Design your life"이다. 집은 건축설계사가 있어야 만들 수 있지만, 우리의 인생은 우리 스스로 만들어가는 것이라는 점을 명심하기 바란다.

| 이승한의 경영철학 |

이승한 회장의 경영철학은 한마디로 '예술경영'이다. 사람들은 예술은 완전한 것이라고 생각하지만 예술가들은 예술은 불완전한 것이라고 생각한다. 때문에 예술가들은 완전함을 추구하기 위해 일생 동안 모든 열정과 혼을 불사른다. 마찬가지로 전 임직원이 열정과 혼을 다해 끊임없이 노력한다면 경영도 예술의 경지까지 끌어올릴 수 있다고 본다.

CEO 생생토크

1_ 창조, 변화, 새로운 것, 블루오션에 대한 이야기를 하셨는데요, 새로운 것에 진출하는 데 대한 그리고 변화에 대한 두려움은 없으셨나요?

이런 얘기 하기 좀 뭣합니다만 간단히 말씀을 드리면, 우리 부부는 결혼하고 아주 늦게 아들을 얻었습니다. 아내의 오랜 성은기도 끝에 얻은 아들입니다. 그런데 아이가 체육시간에 넘어져 하늘나라에 갔습니다. 그리고 1년 뒤에 제 아내가 그 고통을 견디질 못해 그만 위암에 걸렸습니다. 위암에 걸리니까 정말 참담하더군요. 위를 3분의 2나 절단하는 바람에 하루에 여덟 끼 정도 먹어야 하고 머리카락이 빠지고 침대에 누워서 일어날 기력조차 없었습니다. 제가 없을 때는 천장에 끈을 두 개 달아놓고 잡고 일어났습니다. 일요일에 근처에 있는 교회에 갈 때도 몇 계단 올라가면 쉬었다 가기를 반복했습니다. 그렇게 힘겹게 하루하루를 보냈습니다.

그러나 인생에는 어둡고 긴 터널이 있더라도 그 끝은 늘 있게 마련인 것 같습니다. 제 아내는 어둡고 긴 터널을 빠져나와 건강을 되찾고 지금은 매우 희망적인 삶을 아주 적극적으로 살고 있습니다. 57세의 나이에 박사학위에 도전해 이제 곧 박사학위를 받을 예정입니다. 그리고 대학에 강의도 나가기 시작했고 불우한 사람들을 도와주는 일도 하고 있습니다. 그런 과정을 겪으면서 나는 "은혜는 겨울철에 가장 많이 자란다Grace grows best in winter"는 얘기를 떠올렸습니다. 그리고 "햇빛만 비치는 것은 사막을 만들 뿐Too much sunshine makes only desert"이란 얘기도 들었습니다.

어려운 과정을 통해 다른 어려운 사람의 심경을 헤아리고, 남을 이해할 수 있는 그런 축복을 받은 것입니다. 그리고 어떤 어려움이 닥치더라도 담담하게 받아들이는 강한 담대함과 용기를 얻었습니다. 여러분도 어려움을 겪더라도 자신을 더 크게 키울 수 있는 계기라고 생각하고 시련을 잘 극복해야 합니다.

2_ 홈플러스의 외적인 성장 외에 내적인 성장을 위해서는 어떻게 관리해왔는지 궁금합니다. 일단 블루오션 전략으로 성장을 해나가다보면 기업의 현재에 대한 불확실성, 기업의 미래에 대한 불안감과 두려움을 가질 수도 있을 것 같습니다. 이런 부분들에 대해 직원들과 어떻게 커뮤니케이션을 하고 계시는지요?

차후 경영을 해도 될 정도로 아주 핵심적인 질문을 하셨네요. 저는 최고경영자나 국가의 리더가 어떤 유산을 남길 것인가가 굉장히 중요하다고 생각합니다.

예를 들면 기업이 외형적으로 매출을 늘리고 이익을 성장시키는 것은 반드시 해야 될 일이지만, 항구적으로 기업을 발전시키려면 내가 은퇴한 뒤에도 계속 기업이 성장할 수 있는 그런 바탕을 마련해줘야 합니다. 그걸 위해서 제일 처음으로 한 일이 기업 문화

창출입니다. 우리 회사의 기업 문화는 정말 창조적이고 다이내믹하고 열정적이고 겸손합니다. 이런 문화를 만들어내지 않으면 나중에 다른 것을 아무리 해봤자 소용없다는 생각이 들어 기업 문화를 만들어내는 데 초점을 두었습니다.

부모가 자식한테 돈을 남기는 것이 중요하냐, 아니면 훌륭한 품성이나 인격을 남기는 것이 더 중요하냐 하는 것과 똑같은 얘기가 되겠습니다. 경영자가 직원들에게, 훌륭한 품성 그리고 남을 배려할 수 있는 마음, 꿈을 향해서 열정적으로 달려갈 수 있는 조직의 문화를 남긴다면 그 기업은 백년대계의 기업으로서 탄탄하게 성장할 수 있을 것입니다.

두 번째는 그릇 만들기 경영입니다. 그릇이 큰 사람이 있는가 하면 그릇이 작은 사람도 있습니다. 회사도 마찬가지입니다. 외형적으로 성장하는 데 그릇 만들기는 경영을 할 수 있는 환경과 바탕을 마련해줍니다. 그래서 저는 최고의 시스템을 갖고 있느냐, 최고의 인재를 길러내고 있느냐, 최고의 변화 경영을 하고 있느냐 하는 바탕을 만들어주는 '그릇 만들기 운동'을 했습니다. 그래서 그런 것들이 바탕이 돼서 외형적인 성장뿐만 아니라 우리 회사가 내부적으로 결속할 수 있었습니다.

우리 회사 기업 문화의 가장 특징은 신바레이션synbaration 문화입니다. 아마도 신바레이션 문화라는 말이 생소할 텐데, 우리말의 신바람과 서양의 합리주의rationalism, 합리성professional을 합쳐서 만든 조어입니다.

경영의 투명성, 경영원칙, 지식, 시스템 이런 것들은 철저하게 글로벌 스탠더드에 해당하는 서구식 가치관이지만 고객이나 시장이나 자신을 헌신하고 희생할 정도까지 팀워크를 만들어내는 것은 동양적 가치관, 특히 한국식 가치관입니다. 이것을 같이 결합해서 기업 문화를 만들어내려고 엄청나게 노력했습니다. 그 결과 우리 회사는 굉장히 활력 있고 다이내믹하고 자유로움이 넘칩니다. 그렇지만 자율 속에서 나름의 규율이 잘 지켜지고 있습니다. 그것이 창조적이고 혁신적인 결과를 창출하는 원천이 되지 않았나 싶습니다.

가슴 뛰는 일을 찾아나서라

한국인이 가진 패기와 열정의 힘

정만원 SK텔레콤 대표이사 사장

1993 통상산업부 통상정책국 구주통상과장

1994 SK그룹 SOC추진본부 이사

1996 SK주식회사 복합네트워크담당 상무

1999 SK주식회사 고객사업개발본부장

2000 SK텔레콤 무선인터넷사업부문장

2002 SK텔레콤 인터넷사업부문장

2003 SK주식회사 E&M사업부문장 겸 SK글로벌 에너지판매부문 사장

SK글로벌 정상화추진본부장

SK네트웍스 대표이사 사장

2009 SK텔레콤 대표이사 사장

위기 속에도 희망은 있다!

글로벌 경제위기로 소비 침체와 고환율, 부동산시장의 붕괴, 그리고 취업난까지. 미국발 금융위기를 시작으로 전 세계 경제가 휘청거리고 있다. 한국뿐만 아니라 전 세계가 힘든 이 시기에 우리는 어떻게 위기를 돌파할 것인가. "걱정은 하되 절망은 하지 마라! 우리에게 희망은 있다!"는 SK텔레콤 정만원 사장, 그는 무슨 근거로 이런 말을 하는 것일까?

한국인이 가진 DNA로 위기를 돌파하라!

정만원 사장은 위기를 이겨내 기회로 만드는 한국인만의 특별한 힘이 있다고 말한다. "고구려의 철궁 제조 기술은 제철 기술로, 활을 잘 쏘던 실력은 양궁 실력으로, 배를 타고 시베리아까지 간 백제인, 장보고와 이순신에게, 승리를 안겨주었던 우수한 선박 제조 기술은 오늘날 조선 강국으로 이어졌다"는 그다. 우리 몸속에 흐르는 이러한 DNA, 즉 한국인만의 패기와 열정의 힘으로 가슴 두근거리는 일을 찾아 뜨겁게 살아가라고 말한다.

누구에게나 위기는 있다. 그러나 위기는 곧 기회다!

인간 위주의 경영을 바탕으로 자발적이고 의욕적인 근무환경을 조성해주며, 구성원이 신명나게 일할 수 있도록 하는 것이 CEO의 의무라고 말하는 그에게서, 긍정적인 사고와 뜨거운 열정을 느낄 수 있다. 그런 그에게도 힘든 시기가 있었다. 어려웠던 지난날을 어떻게 이겨냈고, 어떻게 지금 이 자리에 설 수 있었는지 그 희망의 이야기를 기대해보자.

정만원 매출 12조, 포천 선정 500대 기업의 CEO 정만원은 가슴 뛰는 일을 찾아서 끊임없이 도전해왔다. 행정고시를 수석으로 합격하고 16년 가까이 공직생활을 하던 그는 1994년 제2의 삶을 선택한다. 기업으로 옮긴 직후 당시로서는 매우 획기적인 캐시백 등 신개념 서비스를 선보이며 국내 e-비즈니스를 리드해왔다. 하지만 시련 또한 컸다. 기업의 성장 과정에서 겪었던 2003년 경영위기. 그러나 그는 위기를 기회로 바꾸며, 의식주와 자동차, 통신, 자원 개발을 아우르는 글로벌 종합사업회사로 성장시켰다. 한국인만이 가진 신명과 열정으로 위기를 기회로 만들 수 있다고 말하는 CEO 정만원의 희망 메시지를 함께 들어보자.

대다수의 전문가들이 최근 우리가 맞은 경제위기가 실물경제로 전이돼서 2~3년 정도 갈 것이라고들 말한다. 그런데 일반인들은 금융위기가 어디서 출발한 것인지 왜 발생한 것인지 정확히 아는 사람이 별로 없는 것 같다. 간단하게 이 금융위기에 대해 살펴보자.

금융위기는 서브프라임 모기지(비우량 주택담보대출)에서 출발했는데, 서브프라임 모기지는 쉽게 말하면 신용도가 부실한 사람에게 신용카드를 만들어준 것과 같다. 미국 행정부가 상환 능력도 없는 사람들에게 집을 살 수 있게 해주었기 때문이다. 그런데 집값이 오르자 이들은 집을 담보로 또 대출을 받아 집을 사고팔면서 시세차익을 취했다. 서브프라임 모기지 상품은 대출조건이 까다롭지 않은 대신 금리가 높기 때문에 많은 금융업체들이 막대한 투자를 했다. 그리고 자신들이 앞으로 받을 할부 금융을 이용해 여러 가지 파생상품을 만들었다. 그런데 집값이 하락하자 사람들이 금융기관에서 빌린 돈을 갚지 못했고 그 여파로 월가의 유명한 투자은행investment bank들이 차례로 파산하게 되었다.

모래에다 성을 쌓았는데, 그게 엄청난 규모로 커지면서 문제가 발생한 것이다. 그 결과 신자유주의를 표방하는 레이거노믹스reaganomics(경제의 재활성화를 통해 '힘에 의한 위대한 미국'을 재건한다는 정책. 세출의 삭감, 소득세의 대폭 감세, 기업에 대한 정부 규제의 완화 등으로 요약된다)가 무너지고 전 세계 경제가 경기 후퇴기에 접어들 것 같으니까 이를 돌파하기 위해 전 세계에서 돈을 찍어냈다.

그런 다음 돈을 유통시키기 시작했고 사람들의 얼어붙었던 심리가 되살아나면서 시중에 돈이 엄청나게 많아졌다. 하지만 월가 투자은행들의 파생상품들이 부실 채권화되면서 사태가 눈덩이처럼 커지자 신용 경색과 함께 금융권이 얼어붙어 돈을 돌리지 않게 되었다. 그게 바로 지금의 금융위기다.

전 세계 GDP는 대략 54조 달러 정도 되는데 우리나라는 2007년 말 기준 1조 달러다. 우리나라가 세계 10대 경제 대국이지만, 겨우 2퍼센트 정도 차지한다. 그런데 놀랍게도 금융위기를 만들어낸 파생상품의 규모는 54조 달러의 10배 정도 되는 500조 달러다. 그러니 심각할 수밖에.

그런데 문제는, 미국 사람들 소득의 40퍼센트가 주식이라는 데 있다. 소득의 대부분을 부동산에 투자하는 우리나라와 달리, 미국은 부동산을 거의 모기지로 구입하므로 주식투자를 많이 한다. 소득의 주요 원천인 주식시장이 불안해지면서 소득이 대폭 줄어들자 사람들은 소비를 줄였고 그러다 보니 전 세계 경기가 가라앉게 된 것이다.

그래도 희망은 있다

기업들이 생산량을 줄이면서 원자재를 사지 않고 그동안 보유해 왔던 재고를 쓰니 거의 모든 원자재 가격이 절반으로 떨어졌다. 많은 사람들이 석유 가격에만 관심을 갖지만 구리, 니켈, 아연 할 것 없이 모든 것들의 가격이 떨어졌다. 게다가 중국 경제마저도 두 자릿수 성장을 끝내자 '세계 공황'까지 우려하는 상황이었다.

하지만 우리에게 희망은 있다. 이게 얼마나 큰, 얼마나 끔찍할 정도로 대단한 기회인지를 알아야 한다. 2008년 1월 스위스에서 열린 다보스포럼에 참석했는데, 그때 이미 세계 금융 시스템의 붕괴에 대한 이야기가 나왔다. 헤지 펀드의 대명사인 조지 소로스는 이미 세계 금융 시스템이 붕괴됐다는 얘기를 했다.

그러나 세계 금융 체계는 앞으로 어떤 형태로든 정리가 될 것이다. 우리가 걱정해야 할 것은 마이너스 성장이다. IMF는 2009년도 우리나라의 실물경제가 0.3퍼센트 줄어들 것이라고 전망했다.

선진국 경제가 나빠지면 수출 의존도가 굉장히 큰 우리나라는 엄청난 타격을 입게 될 것이라고 다들 걱정을 한다. 그러나 시선을 선진국이 아닌 그 밖의 나라로 돌리면 해결책을 찾을 수 있다. 우리나라가 현재 선진국에 의존하는 수출 비율은 35.9퍼센트다. 반면 수출의 3분 2를 차지하는 나라들은 5.1퍼센트 성장할 것으로 예상된다. 그러니까 우리가 지금 쳐다봐야 할 나라는 선진국이 아니다. 우리는 그동안 선진국 수출 시장 일변도에서 수출 시장 다변화를 위해 아프리카, 러시아 등 전 세계를 뛰어다닌 덕분에 수출 시장이 엄청나게 다변화됐다. 그래서 걱정은 하되 절망할 필요는 없다는 얘기다.

2008년 1~9월 우리나라 경상수지는 139억 달러 적자였다. 그런데 10월 경상수지는 49억 달러 흑자였다. 49억 달러 흑자라는 것은 1980년부터 통계수치를 잡은 이후에 월 단위로 최대의 경상수지 흑자다. 좋은 신호다.

그런데 대체적으로 우리 사회는 그러한 신호를 균형 있게 바라보는 능력이 좀 부족하다. 왜냐하면 우리의 뿌리가 원래 유목민이기 때문이다. 유목민은 굉장히 급하고 전사적인 기질이 있다. 나쁜 신호가 오면 전체를 나쁘다고 얘기하고 돌파해내는 그런 기질이 있어서, 나쁜 신호와 좋은 신호를 균형 있게 보지 못한다.

수출이 다변화되었고 경상수지는 흑자로 돌아섰으며 특히 여행수지는 2001년 이후 7년 반 만에 처음으로 5억 달러 흑자를 냈다. 달러가 비싸졌으니까 사람들이 해외여행을 안 가 인천공항이 텅텅 비었다. 그런데 호텔에는 일본 사람, 중국 사람이 넘쳐났다. 명동 거리 곳곳마다 외국인이 가득했다. 원래 일본 사람들이 명동에 관광을 많이 오긴 하지만, 당시는 자기네 돈의 가치가 커졌기 때문에, 가뜩이나 한류 열풍도 있고 하니까 더 많은 일본인들이 한국을 찾았던 것이다.

2009년 수출 전망도 그리 나쁘지 않다. 물론 매우 어려운 여건이므로 열심히 노력해야 한다. 조선, 선박과 플랜트의 경우 이미 1년치 수주를 다 받아놨기 때문에 세계 경제가 아무리 출렁거려도 그 돈은 우리 손에 있다.

도대체 모두들 어렵다는데 "우리는 이것을 돌파해낼 수 있다"

라고 자신 있게 얘기하는 근거가 무엇인지 궁금해하는 사람이 많을 것이다. 케네디는 "위기라는 것은 차이니즈 레터다"라고 말했다. 위기는 아시아에서 쓰는 단어라는 뜻이다. 위기危機라는 단어에서 위危는 위험을 의미하고, 기機는 기회를 의미한다. 결국 위기는 위험한 것과 기회가 같이 있는 것이다. 그럼 어찌하여 위험한 것이 기회인지를 한번 살펴보자.

무엇이 될까가 아니라 무엇을 할 것인가를 고민하라

많은 사람들이 '내가 무엇이 될까'라고 생각하며 산다. '나는 몇 살 때 대리가 되고 몇 살 때 과장이 되고, 부장이 되고, 임원이 되어야 하나?' 이런 식이다. '내가 변호사가 된다면, 내가 검사가 된다면?' 이런 경우도 마찬가지다. 그게 일반적인 인생 계획 짜기다.

그런데 '내가 무엇이 되겠다'라는 게 과연 무슨 의미일까? 이는 지신의 주변에 있는 수많은 경쟁자들을 물리쳐야겠다는 뜻이다. 기업체에서는 보통 3배수에서 한 사람을 고른다. 정말 일 잘한다는 사람 세 명을 놓고 그중에서 한 사람만 임원으로 뽑는다. 두 사람은 탈락하는 것이다. '내가 무엇이 되겠다'라는 생각은 끊임없는 경쟁이다. 그리고 경쟁을 하겠다라고 생각하면 주변에 있는 모든 사람이 경쟁자다. 그러니 힘들고 늘 외롭다.

높은 지위에 오른 사람한테 인터뷰를 하려고 마이크를 대면 다들 "정상에 올라왔더니 허전하군요"라는 말을 한다. 무엇이 되겠다고 생각하고 살았으니 허전한 것이다. 그런데 이런 사고방식은 아날로그 시대에나 필요한 것이다. 아날로그 시대에는 높이 올라갈수록 더 많은 정보를 가졌고, 정보를 갖는 사람이 힘을 가졌고, 그 정보를 이용해 계층을 만들었다.

농경시대가 아날로그 시대의 전형인데 농경시대에 실질적으로 일을 한 농부는 30퍼센트였다. 70퍼센트는 농부 위에서 겹겹의 층을 만들어서 농부를 착취하는 이들이었다. 그러므로 아날로그 시대에는 무엇이 돼야만 했다. 착취당하지 않으려면. 그런데 오늘날 우리가 살아가는 사회는 디지털 시대다. 디지털 시대의 특징은 정보 독점이 안 된다는 것이다.

요즘 사람들은 무엇을 알고 싶으면 아무 때라도 인터넷에 접속해 검색을 한다. 그리고 인터넷에 접속하기 힘들면 무선 네이트에 들어가서 검색을 한다. 그러니까 디지털 시대는 적과의 동침도 가능한 시대다. 그래서 산업의 경계가 없다. 소니하고 삼성전자가 공유하고, SK도 다른 종합상사들과 공유를 많이 한다.

그렇게 안 하면 살아남을 수가 없다. 경계가 다 무너져 나를 보호해줄 수 있는 보호막을 설치할 수 없기 때문이다. 이제는 지탱하는 것 자체가 중요하므로 '무엇이 될 것이다' 이렇게 생각하고 살면 굉장히 어렵다. 그렇게 사는 사람은 낙오할 수밖에 없다. 디지털 시대에는 어울려 살아야 한다.

동물들은 다들 자신의 영역을 표시하며 살아가는데 인간도 동물인지라 인간에게도 영역이 있다. 남성의 경우에는 3미터 이내에 들어오면 자신의 친구라고 받아들이고 3미터 밖에 있으면 관심을 보이지 않는다. 그런데 정말 위험한 것은 3미터 근처에 서 있는 것이다. 길을 가다가 쳐다봤는데 "왜 째려봐?" 이렇게 시비 거는 경우가 3미터다. 여성의 경우는 1미터다. 노총각들은 이걸 몰라서 결혼을 못하는 것이다. 여성은 1미터 밖에서 "차 한잔 하실까요?"라고 하면 전혀 관심을 보이지 않는다. 1미터 지점에 서 있으면 경계심을 느껴 거부당한다. 그러니까 여성은 1미터 이내, 남성은 3미터 이내에 들어와서 그렇게 살아야 한다.

한번은 아들에게 "앞으로 무엇이 될 것인가를 정하지 말고, 무엇을 할 것인가를 정해라. 네가 정말로, 네 가슴이 두근거릴 정도로 신이 나는 그 무엇을 찾아라"라고 했더니, 대뜸 한다는 말이 "기타!"란다. "아니 그건 노는 것이고, 일할 것을 말하는 거지. 네가 무슨 에릭 클랩튼이니?"

아들과의 대화는 안타깝게도 그것으로 끝나버리고 말았지만, 우리는 모두 생산성 있는 뭔가를 만들어 우리 후손에게 물려줄 가슴 두근거리는 그 무엇을 찾으며 함께해야 한다. '무엇을 할 것인가'라는 것의 목표는 무엇을 성취하는 것이므로 싸우는 게 아니라 같이 어울려서 함께 만들어가는 것이다.

그러면 인생이 행복해진다. 그리고 저절로 무엇이 된다. 왜냐하면 지금은 위치라는 게 미리 정해져 있는 것이 아니라, 프로젝트가 발전해서 점점 커지면 그 프로젝트를 맡은 사람도 더불어 함께 커지는 시대다. 이어령 박사는 한국인은 디지털 노마드, 즉 디지털 유목민이라고 말했다. 드디어 오천 년 역사에 빛나는 이 우수한 DNA를 갖고 있는 한국 사람들이 전 세계를 말달리는 시절이 왔다.

풀리지 않는 대한민국 미스터리

다른 나라에서 우리나라를 보는 세 가지 미스터리가 있다.

첫째, 중국이라는 블랙홀 옆에서 오천 년 동안 살아남은 유일한 민족이다. 중국은 56개의 민족으로 구성되어 있다. 그런데 56개의 민족 중에 55개의 민족 전체 인구수는 6,000만 명이다. 중국 인구가 14억 명인데 고작 6,000만 명을 제외한 나머지 사람들은 모두 한족이란 얘기다. 그 55개 민족들도 옛날에는 다 자기네 땅과 주권을 가지고 살았다. 그런데 오천 년 동안 싸우기도 하고 화해도 하면서 한국만은 그것도, 두 나라가 살아남았다. 참으로 불행한 사실이지만, 남한과 북한을 이르는 얘기다.

둘째, 유대인을 밀어낸 민족이다. LA 폭동 때, 유대인에 대해 의구심을 품은 한국 교포들이 많았다. LA와 뉴욕의 생선가게와 채소가게를 장악하고 있던 사람들이 유대인이다. 유대인들은 굉장한 엘리트들 빼고는 고국에 전쟁이 터지면 언제라도 정리하고 돌아가야 되니까 거의 유통업 쪽에 종사한다. 자산을 급하게 처분해야 할 때 복잡하게 묶이지 않기 위해서다.

그런데 그들을 밀어낸 사람들이 한국인이다. 유대인 하면 전 세계에서 가장 부지런한 민족인데 유대인을 게으르게 만든 유일한 민족이다. 한국 사람들이 시장을 장악하기 시작하자 놀란 유대인들이 새벽 5시에 가던 가게에 4시에 갔더니 한국 사람들은 이미 3시에 와 있었다고 한다. 그래서 다음 날에는 3시에 갔는데 이번에는 한국 사람들이 2시에 와 있는 걸 보곤 결국 "에잇, 더러운 놈

들!" 그러면서 떠났다고 한다. 현재 LA와 뉴욕 사람들이 먹는 생선과 채소의 80퍼센트를 한국 사람들이 공급하고 있고, 한국 사람들이 감기에 걸리면 생선과 채소를 못 먹을 지경이다.

그 부지런함과 다이내믹스가 어디서 왔을까? 그런데 한국 사람들한테 물어보면 "나는 그냥 돈을 벌려고 열심히 했을 뿐이다"라고 말한다. 자기도 모르게 그렇게 했다라는 것이다. 누가 시킨 게 아니라 자기도 모르게. 그건 바로 오천 년 동안 우리도 모르게 우리 몸속에 DNA로 자리 잡았다는 얘기다.

셋째, 선진국들이 수백 년에 걸쳐 이루어낸 산업화와 민주화를 가장 짧은 기간 동안 이루어낸 나라다. 1960년부터 시작했으니 채 50년이 안 됐다. 이게 어떻게 가능했을까? 물론 홍콩, 싱가포르, 대만 같은 곳도 있다. 그런데 홍콩하고 싱가포르는 도시국가다. 대만의 경우는 조금 다르다. 우리는 무려 5,000만 명이 이것을 만들어냈다. 그리고 1960년을 기준으로 현재 경제성장 비율을 살펴보면 더욱 놀랍다. 인도네시아와 아르헨티나는 1960년과 비교하면 9배가 컸고 필리핀은 21배 성장했다. 그런데 우리는 249배나 성장했다. 이런 힘이 도대체 어디서 왔을까?

이뿐만 아니라 함영준이 쓴 《나의 심장은 코리아로 벅차오른다》에는 한국인으로 태어난 게 자랑스러운 열 가지 이유가 나온다. 할리우드와 월마트가 자리를 잡지 못하는 유일한 나라이기도 하다.

그다음에 정말 재미있는 얘기는, 축구하고 야구를 동시에 4강 이상 한 유일한 나라라는 것이다. 대개 축구 잘하는 나라는 야구를 못하고 야구 잘하는 나라 축구를 잘 못한다. 그리고 우리나라 사람들은 두뇌가 우수하다. 갤럽에서 세계 IQ 테스트를 했는데, 한국이 1위를 했다. 외국 점원들은 물건값을 계산할 때 다들 계산기를 두드린다. 그런데 우리나라 사람들은 시골 구멍가게 할머니들도 암산을 척척 잘도 한다. 우리는 다들 암산을 잘하니까 그게 당연한 거라고 생각하는데 외국 사람들은 암산이 그렇게 어렵단다.

더군다나 2000년 8월부터 2003년 3월까지 2년 7개월 동안 세계 바둑대회에서 23전 23승을 했다. 한 번도 안 졌다. 다른 나라에 비하면 우리나라 바둑기사 수가 그다지 많은 편은 아니다.

1997년 외환위기를 극복하기 위해 전 국민이 금모으기 운동을 했을 때, 자발적으로 모아온 금이 225톤, 21억 달러였다. 전 세계가 깜짝 놀랐다. 2002년 월드컵 거리 응원도 세상을 깜짝 놀라게 했다.

태안에 유류 사고가 터졌을 때도 세상을 놀라게 했다. 일본 후쿠이에서 유류 유출사고가 났을 때, 30만 명이 자원봉사를 한 게 세계기록이었다. 그런데 우리는 그 5배인 150만 명이다. 평상시에는 지나가다 종이도 안 줍는 사람들이 왜 그랬을까? "사나이가 치사하게 종이를 줍냐?" 이래서 안 하는 것이다. 그런데 "어, 태안이 저렇게 됐다고? 가자." 그러면 다 간다.

위기의 다른 이름은 기회다

고구려 안시성에 양만춘이라는 걸출한 장수가 있었다. 중국의 아주 명망 높은 정치가 당태종이 안시성에서 양만춘이 쏜 화살에 눈을 맞았다. 도대체 근위병들은 다 뭐 했을까? 도저히 있을 수 없는 일이다. 화살이 날아올 수 없는 거리에 황제가 있어야 하는 것이다. 당연히 그런 것이다. 그런데 어찌하여 성에서 쏜 화살에 눈을 맞았을까?

그 이유는 고구려 저격수에서 찾을 수 있다. 고구려는 아주 체격 좋은 아이들을 뽑아 어렸을 때부터 저격수로 키웠다. 이들은 철궁을 다루었으므로 전쟁이 시작되면 성에 올라가 대장을 저격하기 위해서 기다리고 있는데, 당태종이 병사들의 고름을 빨아주러 나와서 돌아다니다가 저격수들의 눈에 걸린 것이다. 그런데 철궁은 대나무로 만든 화살 거리의 2배를 날아가는 막강한 위력을 자랑했다. 그래서 그 먼 거리에서 당태종을 맞힐 수 있었던 것이다.

철궁은 철로 만든 활이다. 그리고 철판을 뚫을 정도의 강한 철로 화살촉을 만들어내야 하니 뛰어난 제철 기술을 요한다. 그게 DNA로 남아 오늘날 우리에게 전해졌다. 우리는 전 세계에서 가장 비용효과를 높게 만들어내는 포스코가 된 것이다.

내 얘기를 못 믿을 사람들을 위해 다시 예를 들겠다. 그 뒤에도 여러 차례 입증이 된 바 있다. 안시성에서 당태종의 눈을 맞힌 화살 솜씨가 오늘날 어디로 갔을까? 가장 대표적인 게 우리나라 선수들의 양궁 실력이다. 철궁을 만들던 DNA는 오늘날 제철 기술로 이어졌고 활을 잘 쏘던 DNA는 양궁으로 이어진 것이다.

그다음에 이순신 장군 얘기를 해보자. 그는 23전 23승을 거뒀는데, 그의 탁월한 정신력과 통솔력과 지혜는 오늘날에도 따라갈 이가 없을 것이다. 이순신 장군이 그렇게 할 수 있었던 원인은 어디에 있을까? 장보고에서 찾을 수 있다. 백제는 원래 해양 국가였다. 바다를 통해서 페르시아까지 갔던 나라다. 그러니 배를 잘 만들었다. 그런데 이성계가 위화도 회군을 하고, 명나라의 뜻을 따르겠다고 하자 명나라가 바다를 막으라고 했다. 그래서 배를 건조하는 기구가 없어지고, 배를 건조하던 시설들이 다 문을 닫았다. 그 결과 3면의 바다를 통해 벌어들이던 돈이 사라졌고, 국력이 4분의 1로 떨어졌다. 그러니 쇠퇴하여 일본의 침략에 온 나라가 초토화될 위기에 처했던 것이다.

그런데 그걸 막아낸 대단한 분이 이순신 장군이다. 이순신 장군이 23전 23승을 거둔 데 혁혁한 역할을 한 두 무기가 있다. 판옥선과 화포다. 판옥선에 화포를 올려놓고 포를 쏠 수 있었기에 일본 수군은 상대가 안 된 것이다. 왜선은 밑이 좁고 위가 넓은 V자 모양이라 포를 올려놓고 쏘면 배가 뒤집어진다. 그래서 함포 사격을 할 수 없다. 결국 배를 잘 만들었다는 것과 세계 최초로 배에다가 화포를 장착한 것이 승리를 가져다주었다고 볼 수 있다.

이처럼 철을 다루는 기술, 뛰어난 활솜씨와 배 건조 기술 등 이런 다이내믹스가 오천 년 동안 우리에게 이어져왔다. 우리 스스로 긍정과 패기의 힘을 생각한다면, 지금의 위기는 우리에게 엄청난 기회가 될 것이다. 훌륭한 사람과 훌륭한 자원, 훌륭한 회사 등 그동안 갖고 싶었지만 못 가졌던 자원과 능력을 앞으로 2, 3년 동안 열심히 노력하면 가질 수 있는 엄청난 기회가 우리 앞에 펼쳐져 있는 것이다.

가슴이 두근거리는 신명과 열정으로 임하라

그럼 이제 우리는 뭘 해야 하나. 우리가 정말 잘할 수 있는 것을 해야 한다. 신명이라는 것은 가슴이 뛰는 것이다. 이게 정말 하고 싶다, 이렇게 가슴이 두근두근 뛰는 신명과 열정을 SK그룹에서는 voluntarily, willingly라고 한다. 자발적으로, 의욕적으로. 그래서 SK의 경영철학은 기본적으로 우리 민족이 갖고 있는 DNA를 분석한 다음, 사람은 모두 착하다는 성선설에서 출발해서 자발적으로 의욕적으로 일할 수 있는 환경을 만들어주는 것이다. CEO의 책무는 자발적으로 신나게 일할 수 있는 경영환경을 조성해주는 것이라고 본다.

내가 SK텔레콤으로 오기 전에 몸담았던 SK네트웍스에 대한 이야기를 통해 앞으로 우리가 무엇을 해야 할지 알아보겠다. SK네트웍스는 1953년 4월 8일 생이다. 오늘날 SK그룹의 모기업은 잿더미를 딛고 부서진 직기 12대를 조립해서 사업을 일으킨 선경직물인데, SK네트웍스의 전신이다.

SK그룹은 1976년에 종합상사가 되었다. 당시에는 종합상사가 수출의 견인차 역할을 했다. 우리 경제가 가진 게 아무것도 없었으니까. 그런데 고도성장을 하다 보면 그늘이 있게 마련이다. 수출을 하면서 클레임도 많이 발생하고 그러다 보니 부실이 쌓여 결국 2003년에 쓰러졌다. 그래서 2003년 10월 27일 워크아웃, 즉 구조조정에 들어갔다. 2007년 4월 중순에 워크아웃을 졸업한 뒤로 지금은 과거의 멍에를 다 씻고, 깨끗하고 아주 바람직한 회사가 됐다.

SK네트웍스는 2007년 말 매출액 기준으로 우리나라 6위, 전 세계 438위 기업이다. 그리고 머지않아 국내 인력보다 해외 인력이 더 많아질 것이다. 지금은 국내 인력 2,400명, 해외 인력이 1,800명 정도다. 전 세계 22개국에서 직접 뽑아 온다. 종합상사 중에는 수출 1위, 매출 1위, 영업이율 1위, 경상이익 1위다. 그리고 전 세계 22개국에 아웃포스트outpost라고 하는 지사 및 법인을 71개 갖고 있다. 그동안 우리 구성원들이 흘린 피와 땀의 결과물이다.

2004년 4월 8일 창립기념일 때의 일이다. 2003년 10월 27일 워크아웃에 들어가는 바람에 돈이 없어서 창립 기념 행사 할 데를 못 구했다. 그래서 인천에 있는 한 운동장 귀퉁이를 빌려 야구선수들이 뻥뻥 공을 던지고 있는 데서 행사를 했다.

일부러 모자 눌러쓰고 직원들이 무슨 얘기를 하나 다녀보니까, 전부 툴툴거리고 있었다. "뭐 하러 이런 짓을 해. 밥은 왜 안 줘!" 적자를 내던 사업은 워크아웃 들어가면서 전부 정리를 하는 바람에 750명가량 나갔고, 거기 남아 있는 사람들은 그동안 돈을 잘 벌던 사업을 하던 구성원들이니까 자기들 입장에서는 굉장히 억울한 것이다. 어찌 됐건 우울한 가운데서도 초등학교 운동회처럼 기마전도 하고 명랑운동회를 했다.

운동회가 끝난 뒤 사회자가 내게 노래를 부르라고 했다. 막상 마이크를 잡으니 부를 게 딱 한 곡밖에 떠오르지 않았다. 지금 돌이켜 생각해봐도 그때는 그 노래 외에는 할 게 없었다. "쩨쩨하게 굴지 말고 가슴을 쫙 펴라~" 들국화의 〈사노라면〉이었다. 그날 그 장면은 죽을 때까지 못 잊을 것이다. 어둑어둑 해가 지면서 얼굴들이 어렴풋이 보였는데, 처음으로 전 구성원이 나를 쳐다봤다. 그전까지는 다들 나를 멀리했다. 난 구원투수하러 들어갔는데 구조조정하러 왔다는 소문도 있었다. 처음으로 그들이 내게 '마음을 준다'라는 느낌이 들었다.

고유의 문화가 있어야 한다

가정이든 직장이든 나라든 세계든 조직단위가 잘되려면 세 가지가 있어야 하는데, 그 첫 번째가 비전이다. 비전, 꿈, 희망 이게 있어야 한다. 두 번째는 문화가 있어야 한다. 세 번째는 실력이 있어야 한다. 비전하고 문화는 조폭도 있다. 그런데 비전과 문화와 실력이 같이 있어야만 조직이 제대로 크는데, 그중에서 제일 중요한 것이 문화다. 문화가 없으면 비전하고 실력이 있어도 안 된다.

그래서 문화를 만들었는데, 그것이 바로 서번트 리더십이다. 간단하게 얘기하면 솔선수범 리더십이다. 서번트 리더십을 발휘하려면 우선 자신부터 열심히 해야 한다. 팀장이라고 하면 팀원들을 배려하고 생각하는 게 업무의 반이다. 그리고 경청을 해야 한다. 서번트 리더십에서 제일 중요한 게 경청이다. 대개 지위가 높아질수록 다른 사람의 말을 안 듣는 경향이 있다. 그리고 도덕적으로 깨끗해야 한다. 자기가 다 솔선수범해야 하니까.

SK그룹에는 '아워 보이스Our Voice'라는 게 있다. 하고 싶은 말이 있으면 무기명으로 누구나 올릴 수 있다. 처음 이 제도를 도입했을 때 구성원들의 반발이 심했다. 아무리 무기명으로 해도 IT팀을 동원하면 누가 했는지 다 찾아낼 수 있지 않느냐는 것이었다. 그래서 IT팀으로 하여금 찾아낼 수 있는 방법을 보고하게 한 뒤 절대 찾아낼 수 없도록 원천봉쇄를 했다.

때로는 아워 보이스를 들여다보면서 정말 화가 나기도 했다. 거기다 대놓고 "사장은 뭐하는 놈이야?"라며 내 욕을 해대는 직원도 있었다. 그런데 이젠 자율 정화가 됐다. 누가 그런 글을 올리면 바로 이어서 리플이 달린다. "야! 뭐 이런 글을 올리냐, 이건 안 된다"라며 자기들끼리 토론을 한다. 지금은 올라온 글의 옆에 recommended, not recommended를 체크하게 되어 있다. not recommended를 많이 받으면 사실 좀 부끄럽다. 무기명이지만 본인은 아니까.

그렇게 해서 그동안 서번트 리더십이란 분위기를 잘 만들어왔다. 서번트 리더십을 주제로 하는 몇 권의 책을 내기도 했다. 게다가 어쩌다 보니 내가 서번트 리더십 전도사가 되었다.

리더들에게 서번트 리더십이 있다면 팔로워follower들에겐 다이내믹 팔로워십follower ship이 있다. 한마디로 얘기하면 "주인정신을 가져라"이다.

새로운 프로젝트를 만들어 영양가 있게 되려면 최소 3년, 그리고 그동안 까먹은 것 복구하는 것까지 포함하면 5년 정도 걸린다. 그런데 요즘은 제품의 라이프 사이클, 사업의 라이프 사이클이 다 짧아져서 지속적으로 씨앗을 뿌리고 경작을 안 하면 먹고살 거리가 떨어진다.

그래서 3년, 5년, 10년 이렇게 해서 의무를 줬다. 지금부터 10년까지 먹고살 거리를 준비해내는 게 내 책무였다. SK네트웍스에는 인큐베이션 시스템이라는 게 있다(SK네트웍스에만 유일하게 있는 시스템이다). 인큐베이터는 조산아가 정상적으로 성장할 수 있도록 들어가는 공간이다. 그 속에 들어가면 손실은 사장이 책임을 진다. 직원들은 1년에 한 번 인센티브를 주니까 미래를 위한 준비를 소홀히 하는 경향이 있다. 미래를 위해서 투자를 하면 당장은 이익이 나지 않으니까. 그래서 그것을 인큐베이터 안에 넣었다. 나는 신입사원들한테 "네가 나중에 뭘 먹고살 건지 알고 싶으면 인큐베이터를 열어봐라"라고 말했다. 그 인큐베이터에 있는 게, 20년 정도 지나서 임원이 되고 사장이 됐을 때 본인이 먹고살 것이다. 그런데 지금부터 준비를 안 하면 임원이 됐을 때 열어보면 아무것도 없다.

다이내믹 팔로워십은 자신의 상사에게 그리고 직책자에게 다음과 같이 얘기하는 것이다.

"팀장님, 우리 5년 뒤에 뭐 먹고살아요?"

이 질문에 정확하게 답을 안 해주는 팀장이 있다면 또 이렇게 물어야 한다.

"우리가 5년 뒤에 뭐 먹고살려고 준비를 안 하는 거예요?"

이렇게 시비를 거는 게 바로 다이내믹 팔로워십이다. 그런데 시비를 걸 필요는 별로 없을 것 같다. 왜냐하면 우리 민족이 갖고 있는 다이내믹스와 좋은 머리와 장점이 있으므로, 진정으로 마음을 준다면 진정으로 마음을 내놓는 순간 깜짝 놀랄 만한 결과가 나타날 것이기 때문이다.

서번트 리더십과 다이내믹 팔로워십이 지금은 자리가 잡혔다.

회사에서 설문조사를 하면 대개 회수율이 60퍼센트를 넘기기 힘들다. 그런데 SK네트웍스의 경우 거의 90퍼센트다. 왜 그런지 모르겠다. 처음에는 분명 굉장히 얌전했던 신입사원도 딱 석 달만 교육시켜놓으면 난리가 난다. SK그룹에 68개 계열사가 있는데, 계열사들에서 전부 어디서 저런 애들을 뽑아왔냐고 묻는다. 그게 문화다.

현명하고 지혜가 뒷받침된 지식으로 무장하라

그다음에 우리 모두에게 필요한 게 지식이다. 단, 지혜가 뒷받침된 지식이다. 그리고 현명해져야 한다. 사물을 깨닫는 게 지식이다. 그 지식을 잘 쓰려면 남을 이해해야 한다. 남을 이해한다는 게 지혜다. 그런데 사물을 잘 알고, 남을 이해한 다음에는 본인이 노력하면 현명해진다. 현명하다는 것은 자기를 깨닫는 것이다. 우리는 워낙 머리가 좋은 민족이고, 좋은 문화를 가지고 있는 민족이지만, 지혜롭고 현명해지려면 우선 지식이 있어야 한다.

계속적으로 지식을 만들어내기 위해서 SK네트웍스에서는 비즈니스 이노베이션BI 제도를 시행했다. 비즈니스 이노베이션 제도를 간단히 설명하면, 한 페이지 원칙이다. 사업 아이디어든 비용을 합리화하는 것이든 한 페이지를 올리게 돼 있다. 한 페이지 페이퍼를 올리면 OK캐시백 1만 포인트를 준다. 그동안 5,000개 정도가 들어왔다. 직원들하고 다른 건 몰라도 한 페이지 페이퍼는 무조건 내가 직접 보고, 통과 여부를 정하겠다고 약속했다. 그 많은 걸 모두 보느라고 정말 힘들었다. 최종 단계를 통과하면 그 사람은 무조건 두 계급 승진되고, 1억 원을 받는다. 그런데 불행히도 합격률은 그리 높지 않다.

그동안 너무 선다형 위주로 교육을 받아오다 보니 우리의 DNA에 들어 있는 창의성을 키워주지 못해 내면에 잠재돼 있는 능력을 제대로 표출하기가 힘들다. 그래서 떨어진 사람들에겐 떨어진 이유를 알려주고 그들을 따로 모아서 교육을 시킨다. 부족한 것을 발라내 체계화해서 커리큘럼을 만든 게 '스케치'라는 온라인 교육 프로그램이다.

비즈니스 이노베이션 제도를 만들 당시에는 5년 내에 효과를 거둘 수 있을 것이라고 생각하지 않았다. 신입사원들이 5년 내지 10년쯤 지나서 프로젝트 매니저를 할 때쯤 되면 그동안 트레이닝되어온 것들이 그들을 훌륭한 장수로 키울 것이라고 판단했다. 그래서 그걸 일컬어 '고래새끼 전략'이라고 이름 붙였다.

그 결과 SK네트웍스는 항공모함급이 될 수 있었다. 하지만 하나의 배로 이루어진 게 아니라 무지하게 많은 고래새끼들이 떼를 지어 만든 배다. 수많은 고래새끼를 바다에 넣어서 그중에 큰 고래로 성장하는 것을 찾아서 우리 것으로 만들겠다는 의미를 담고 있다.

"여기서 더 이상은 못 갑니다"라는 것들을 모두 뛰어넘었다. 다 함께 빨리 출발해서 험난한 바다를 헤쳐나갔고, 작은 성공을 가지고 큰 성공으로 가는 길을 찾았다. 그리고 구성원 모두가 스스로에게 얼마나 훌륭한 DNA가 있는지를 깨닫게 돼서 2007년에 워크아웃을 졸업했다.

졸업을 앞두고 그동안 고생한 구성원들에게 뭔가 기억에 남을 만한 선물을 줘야겠다는 생각에, 서울랜드를 통째로 빌려서 자기가 데리고 오고 싶은 사람이면 누구든 맘껏 데려와 그날 하루는 타는 것, 먹는 것 모든 게 공짜인 패밀리 페스티벌을 열었다. 그랬더니 무려 12명이나 데려온 직원도 있었다. "페스티벌 열리기 전에 식권과 쿠폰을 줘야 하는데 12명을 데려오겠다는데 어떡하면 좋을까요? 인원 제한을 둘까요?"라는 보고가 올라왔다. 그래서 "12명 데리고 온다고 얼마나 폼을 잡았겠냐. 그냥 둬라"고 이야기했다. 당사자는 아마 죽을 때까지 그날 일을 잊지 못할 것이다.

워크아웃에 들어가면 자금관리단이라는 이름으로 채권단이 와서 전부 제어를 한다. 당연하다. 채권단이 돈을 준 거니까. 제일 먼저 처분한 게 콘도를 포함한 비영업용 자산이었다. 그런데 콘도를 처분하고 나니 직원들이 여름휴가 때 숙박할 곳이 없었다. 인력실장이 내게 와서 해수욕장 몇 군데에 무슨 텔이 있는데 깨끗하게 묵을 수 있어 그걸 빌리는 게 어떻겠느냐는 제안을 해왔다.

그래서 직책자들을 모아놓고 회의를 했다. 거기서 여러 가지 질문이 나왔다.

"어, 그거 좋겠는데?"

"몇 군데나?"

"대천하고 한 몇 군데 더 하면 어때?"

"그럼 텐트는 안 쳐?"

"그런데 애드벌룬은 안 띄워?"

"수박은 안 넣어주냐?"

그러다 결국 해수욕장 백사장이 뜨거우니 모텔에서 텐트까지 걸어갈 때 신을 슬리퍼를 줘야 한다는 얘기까지 나왔다. 자발적으로 그것도 나이가 지긋한 임원들이 꺼낸 얘기들이다. 비록 콘도는 못 갔지만 즐거운 여름휴가를 보냈다.

지금은 여름휴가 때 워커힐 1박 숙박권도 준다. 그래서 W호텔에서도 잘 수 있다. 이 얘기의 초점은 지금 우리에게 필요한 것은, 현재 얼마나 대단한 실력을 갖추고 있는지가 아니라 잠재력이라는 것이다. 그리고 같은 문화를 공유하고 미래를 향해서 고래새끼가 돼서 함께 가보겠다는 마음가짐이다.

비전을 세워라

SK네트웍스는 실질적 세계 표준화 촉매자global de facto standard enabler가 되자는 비전을 세웠다. 각 나라마다 잘못된 규제로 인해 글로벌 스탠더드에 어긋나 있는 것들이 있는데 이것을 펴는 일을 하자는 계획을 세웠다. 그쪽을 하면 고객이 편해지고 사업자도 좋아지고 전체가 좋아진다. 남의 영역을 찬탈하는 것이 아니기 때문이다. 중고차와 수입차 같은 경우가 대표적이다.

우리나라 중고차 시장은 1년에 180만 대 정도의 중고차가 거래되는 굉장히 큰 시장이다. 매출 규모가 15조 원 정도 된다. 100개 단지에서 4,000개 상사가 영업을 하고 있다. 중고차를 살 경우 많은 소비자들이 차의 성능이나 서비스 때문에 불안해한다. 그래서

3년 정도에 걸쳐 중고차를 보증해준다면 어느 정도 보증해줄 수 있는지 시뮬레이션을 해보았다. 그 결과, 신차에 버금가는 2년간 4만 킬로미터를 보증해줄 수 있다는 결과가 나왔다.

그랬더니 4,000개 상사에서 난리가 났다. 서울시청 앞에서 화형식을 하겠다는 얘기도 나왔다. 그래서 일일이 찾아가 그들을 설득했다. 지금은 중고차에 대한 고객의 신뢰가 없기 때문에 180만 대밖에 팔지 못하는데, 고객의 신뢰가 생기면 최소한 250만 대로 는다고. 세계적으로 대부분 신차 1대당 중고차의 비율이 1대다. 그런데 우리나라는 신차 1대당 중고차 1.5대고, 미국은 신차 1대당 중고차 2.5대다. 250만 대까지 가는 건 시간문제라고 본다(우리는 300만 대까지 갈 것으로 보지만). 결국 파이가 커진다.

우리가 당신들 것을 뺏겠다는 것이 아니라 중고차 149개 부품을 전부 손을 봐서 소비자에게 2년간 4만 킬로미터를 우리 비용으로 보증을 해주겠다, 다시 말해서 우리가 정비해서 보증해주는 값만 내면 되니 당신들은 더 많이 팔게 되고, 마진은 좀 줄더라도 결국 이익은 플러스가 될 텐데 화형식까지 하겠다는 이유가 뭐냐고 했다.

이런 과정을 거친 끝에 많은 상사들이 SK네트웍스랑 제휴 계약을 맺고 중고차를 팔기 시작했다. 이게 바로 실질적 세계 표준화인데, 그게 중고차 시장에도 있었던 것이다.

수입차의 경우 원래 수입상이라는 것 자체가 없다. 그냥 딜러가 사오면 된다. 그런데 수입상을 통해서 딜러가 물건을 받으니 수입상의 마진까지 차에 붙어 차 값이 비싸졌던 것이다. 그래서 여기에도 실질적 세계 표준화가 이루어져야 된다고 판단했다. SK네트웍스가 직수입을 하자 수입차 가격이 많이 떨어졌다.

대기업이 뭐 이런 걸 하냐는 여론도 있었고, 수입차 시장 질서를 제대로 만들어낸다는 칭찬도 들었다. 보다 중요한 포인트는 실질적 세계 표준화를 우리가 만든 것이었다.

그런데 전 세계적으로 보면 그런 영역이 굉장히 많다. 그 영역에 다 들어가서 실질적 세계 표준화를 만들어내는 회사를 종합사업회사라고 한다.

일본의 종합상사들은 이미 종합사업회사로 탈바꿈하고 있다. 우리나라도 글로벌 아웃포스트를 통해 여러 가지 정보를 알 수 있으니 그것을 활용해, 1960년대 우리나라 경제의 견인차 역할을 했던 종합상사들이 빠른 시일 내에 종합사업회사로 변모해야 한다. 그래서 다시 한 번 우리 경제가 도약하는 견인차가 되길 기대한다.

목표는 최고로 두고 계획은 최악을 가정하라

베트남전 때, 8년이나 포로로 붙잡혀 있다가 풀려난 스톡데일 장군이 있다. 그가 돌아왔을 때, 기자가 물었다.

"당신은 어떻게 해서 살아 돌아왔습니까?"

"낙관주의자는 다 죽었습니다. 이번 성탄절에 풀려날 것이다, 이번 추수감사절에 풀려날 것이라고 낙관했던 자신의 기대가 무너지자 좌절한 나머지 다 죽었던 것이죠. 비관주의자도 다 죽었습니다. 난 절대 풀려날 리가 없다고 좌절했기 때문입니다."

그러자 기자가 다시 물었다.

"아니 그럼 낙관주의자도 다 죽고, 비관주의자도 다 죽었는데 당신은 도대체 무엇입니까?"

그래서 나온 얘기가 '스톡데일 패러독스'다.

그는 다음과 같이 말했다.

"나는 풀려날 것이라는 희망과 꿈을 버리지 않았습니다. 그런 면에서 보면 낙관적으로 생각한 것이죠. 그러나 절대로 가까운 추수감사절이나 성탄절에 풀려날 것이라고 기대하지는 않았습니다."

그게 패러독스다. 희망은 엄청나게 적극적으로 갖되 계획은 무지하게 비관적으로 짰기 때문에 살아남은 것이다. 분명 우리 앞에 놓여 있는 경제위기라든가 여러 가지 위기 상황이 쉽게 헤쳐나갈 수 있을 정도로 작고 쉬운 일은 아니다.

하지만 스톡데일 패러독스를 머릿속에 넣고, 자신이 갖고 있는 능력에 대해 무한한 애정을 갖는 한편, "Hope for the best, Plan for the worst(목표는 최고를 지향하되, 계획은 최악을 가정하라)"를 마음속에 새겨둔다면 보다 나은 세상을 만들어서 후손에게 물려주는 자랑스러운 대한민국을 만들 수 있을 것이라고 확신한다.

| 정만원의 경영철학 |

가슴 뛰게 하라.
무엇이 될 것인지 생각하지 말고 무엇을 할 것인지 생각하라.
자기가 잘할 수 있고 가슴 뛰게 하면서 신나게 할 수 있는 것이 무엇인지 찾아 하루하루 최선을 다하라.

CEO 생생토크

1_ 최근 경제 상황이 너무 악화되어서 앞으로 향후 몇 년간 대기업들도 채용 규모를 축소할 것이라는 보도를 많이 접했습니다. 취업을 앞둔 젊은이들 입장에서는 굉장히 비관적인 소식인데요, 사장님께서 생각하시는 인재상을 말씀해주신다면요?

우선 SK그룹은 인력 채용 규모를 줄이지 않을 것입니다. 실패하는 기업들은 대체적으로 불황이 다가오면 사람들을 줄이고 R&D를 줄입니다. 그리하여 불황이 끝나고 호황이 다가왔을 때 그것을 움켜쥘 수 있는 기회를 다 없애버리는 게 실패하는 기업들의 습관입니다.

따라서 우리는 이번에 경제위기를 기회로 생각하여 보다 많은 인재를 영입할 것이고, 더 많은 자산과 능력을 확보할 유동성을 갖고 있습니다. 우리 회사는 2003년 워크아웃을 겪으면서 이미 단련되었고 거기에 대해서 미리 준비를 해왔습니다.

그리고 우리 회사가 요구하는 인재상은 면접과 관련되어 말씀드리면 다음과 같습니다. 사실 면접과 관련된 일급 기밀이지만, 입사 면접 볼 때 뭘 물어봤는데 '모르겠는데요'라고 대답하는 사람은 거의 탈락합니다. '모르겠는데요' 하고 만다는 것은 무책임하다는 얘기입니다. '지금은 잘 모르겠습니다만, 제가 열심히 연구해서 이다음에는 정확한 답변을 드릴 수 있도록 하겠습니다'라고 대답하면 됩니다. 그런데 의외로 그렇게 얘기하는 사람이 적습니다.

우리 회사에 입사해 3년 정도 지나 대리가 되면 외국에 나가서 일을 해야 하는데, 자신이 알고 있는 게 다라고 생각하는 사람은 현지 문화에 적응해 생활하기 힘듭니다. 그래서 항상 열심히 하겠다는 자세를 중요하게 생각하는 것입니다.

2_ 사장님께서 지금까지 지켜온 원칙과 앞으로 추구하고자 하는 원칙이 있다면 어떤 것인지요?

지금까지 살아온 제 삶의 원동력은 꾸준히 창의적이어야 한다는 것입니다. 꾸준함은 한 사람, 더 나아가 자기 가족을 먹여 살릴 수 있습니다. 그런데 창의적인 것은 굉장히 많은 사람을 먹여 살립니다. 꾸준히 창의적인 것은 '일신우일신'입니다. 그러니 날마다 달라져야 합니다. 그리고 우리 자체가 불완전한 인격이기 때문에, 그 불완전한 인격 중에 부족한 부분이 있다면 굉장히 기뻐해야 합니다. 그래서 그 부분을 찾아가야 합니다.

2003년 워크아웃을 맞으면서 상당히 마음이 아팠습니다. 마음에 상처도 컸습니다. 그래서 마음을 좀 다스리기 위해 우리나라에 나와 있는 마음을 다스리는 책을 다 사서 봤습니다. 40권가량 읽었는데, 그 책들에 공통적으로 흐르는 맥락은 우리나라 사람들은 돌이킬 수 없는 지나간 과거 때문에 너무 많이 슬퍼하고, 나머지 시간은 다가오지도 않은 미래 때문에 무지하게 불안해하고 있다는 점이었습니다. 지나간 과거에선 교훈만 얻고 털어내버리고, 다가오지 않은 미래가 두려우면 현재에 집중하여 미래를 준비하라는 얘기지요.

제가 갖고 있는 기본적인 삶의 원칙은 지나간 과거 때문에 괴로워하는 바보 같은 짓을 안 하겠다, 그리고 미래에 대한 두려움을 현재에 집중함으로써 탈피하겠다는 것입니다.

이건 저의 정중한 부탁입니다. 여러분도 현재를 즐기십시오. 내일, 어제 자꾸 그러지 말고 그러니까 if not, if not 하지 말고 next time을 하라는 겁니다. '내가 요다음에 이렇게 할 거야.' 그것 자체가 긍정과 패기의 힘입니다. 항상 긍정과 패기를 갖기 바랍니다.

끊임없이 도전하라

도전하는 젊은이가 갖추어야 할 경쟁력

신훈 **금호아시아나그룹 건설부문 부회장**

1971 대한항공 전산담당 부장

1985 한국신용평가 정보관리담당 이사

1996 아시아나항공 정보통신사업부 부사장

1999 금호엔지니어링 대표이사

2001 CIO종합대상 수상

2002 금호건설 대표이사

2005 제1회 한국을 빛낸 CEO상 수상

2006 금호아시아나그룹 건설부문 부회장

금탑산업훈장 수상

2007 한국주택협회 회장

2008 서울경영대학원 AMP 대상

도전정신과 집념의 인생

'국내 도급순위 1위 건설업체인 대우건설 인수를 진두지휘한 승부사', 'IT 지식으로 무장한 디지털 CEO' 신훈 금호아시아나 건설부문 부회장에게 꼬리표처럼 항상 따라붙는 수식어다.

60대 초반이지만 베트남 출장 정도는 하루에 다녀올 정도로 젊은이 못지않은 건강관리와 자기관리에 철저한 그의 인생은 도전정신과 집념의 연속이었다. 평사원으로 입사해 국내 최대 건설사의 실질적인 CEO가 되었고, 국내에 몇 안 되는 CIO(최고정보책임자) 출신 CEO다. 또한 건설업계에 첨단 IT경영을 정착시키기도 했다. 도전정신과 집념으로 살아온 그의 삶 자체가 우리에게 많은 감동을 준다.

국내 업계 1위인 대우건설을 인수하다

그의 40년 경영 인생 가운데 가장 큰 시련을 겪은 시기는 외환위기 직후 부도 직전의 금호건설의 수장이 됐을 당시였다. 2002년 정월 초하루, 그는 전 직원과 함께 강원도 오대산으로 갔다. 그곳에서 그는 직원들에게 위기를 기회로 받아들일 것을 제안했고, 뼈를 깎는 노력으로 단기간에 정상궤도로 진입했다. 그리고 2006년에는 대우건설을 인수해 세상을 놀라게 했다. 자신에게 닥친 난관을 피하지 않고 정면돌파해 나가는 열정이 오늘의 그를 있게 했다.

신훈 외환위기 이후 부도 직전에 놓인 건설사를 맡아 단기간에 탄탄한 업체로 끌어올리는 데 성공한 CEO 신훈. 제1회 한국을 빛낸 CEO상 수상자이며, 건설업계에 첨단 IT경영을 정착시킨 디지털 CEO다. 그는 "기업을 이끄는 CEO는 한 분야에 대한 전문지식보다 미래 예측력, 정확한 상황판단 능력 등을 발휘하기 위한 종합지식을 가지고 있어야 한다"라고 말한다. 60대에 들어선 지금도 여전히 자기 혁신을 멈추지 않는 그가 생각하는 변화하는 기업, 도전하는 젊은이상은 무엇일까?

얼마 전에 《중앙일보》에서 주최하는 정보사냥대회에 나가 장려상을 받았다. 다들 "60이 넘은 나이에 그런 상을 받다니……"라고 신기해하며 한마디씩 건넸다.

회사에서 회의를 하다가 갑자기 자료가 막히면 나는 담당 임원한테 얼른 문자 메시지를 보낸다. 이를테면 "오늘 아파트 미분양이 얼마나 됐나? 오늘 현재 매출실적은 얼마인가?"라는 식이다. 각종 경영 실적을 문자 메시지로 받은 뒤 문자 온 걸 보고 줄줄줄 얘기하면 사람들은 '야! 저 양반, 정말 기억력 좋네'라고 생각한다.

사람들과 얘기하다 갑자기 잘 모르는 부분이 나오면 휴대전화 지식 검색창에 들어가 재빨리 확인한다. 한번은 누가 "북경올림픽이 언제 열리지?"라고 물어왔다. 그래서 상대가 눈치채지 못하게 휴대전화 지식 검색창에서 확인한 뒤 "2008년 8월 8일, 중국 사람들은 8자를 좋아하니까 8월 8일이야"라고 대답해줬더니 "와! 어떻게 그렇게 잘 아느냐?"며 감탄사를 터뜨렸다. 요즘에는 와인 애호가들이 많아져 대화 중에 와인에 대한 이야기가 나오는 경우가 종종 있다. 그럴 때도 휴대전화 지식 검색창을 이용해 얼른 그 와인에 대한 내용을 찾아본다. 몇 년 산인지, 제조사가 어딘지, 맛은 어떤지 어느새 나는 와인 전문가로 변신한다.

디지털 기술을 체화하라

휴대전화는 이처럼 유용한 정보 제공처다. 또한 아주 요긴한 다이어리 역할도 한다. 내 휴대전화에는 7개 범주로 나뉘어 1,000명 이상의 전화번호와 주소가 기록되어 있다. 그리고 언제 어디서 만났는지 기록도 담겨 있다. 분명히 만난 기억이 있는데 장소와 날짜가 기억이 안 나면 상대 몰래 얼른 휴대전화를 뒤져본다. 그런 다음 "당신, 나랑 작년 9월에 같이 골프쳤잖아"라며 자연스럽게 이야기를 꺼내면 "정말 기억력 좋으시군요" 하는 대답이 날아온다.

또한 사소한 벨소리도 매우 유용하게 활용한다. 나는 휴대전화 벨소리를 다섯 가지로 구별해서 사용한다. 그러면 벨소리만 들어도 아 이건 회사에서 오는 전화구나, 친구한테 오는 전화구나, 가족한테 오는 전화구나 금세 구별할 수 있다.

휴대전화로 이메일 확인하는 건 기본이다. 휴대전화에 웬만한 건 다 저장해놓고 있다 보니 따로 기록할 필요가 없을 정도다. 중요한 메모부터 시작해서 가족들의 생년월일과 지인들의 생년월일, 각종 기념일 등등. 심지어는 주민등록번호, 여권번호, 통장 계좌번호, 카드번호, 비밀번호도 들어 있다. 그러니 이게 없어지면 큰일이다. 그래서 일주일에 한 번씩 PC매니저를 통해서 노트북에 다운로드를 해놓는다.

한번은 미국에서 휴대전화를 물에 빠뜨린 적이 있었다. 어디 연락할 데도 없고 큰 낭패를 볼 뻔했다. 그런데 노트북을 갖고 있어 걱정거리를 덜 수 있었다. 노트북은 휴대전화와 더불어 항상 나와 함께 다닌다. 노트북은 1990년부터 나의 출장길에 없어서는 안 될 필수품이 되었다.

건설회사에 있다 보면 늘 이곳저곳으로 다닐 일이 많다. 그러다 보니 제시간에 결재하기가 힘들다. 그래서 직원들이 일주일이고 열흘이고 결재를 못 받는 일이 태반이었다.

하지만 요즘은 와이브로를 통해서 회사 시스템에 연결할 수 있어 늘 실시간 결재를 한다. 그러니 현장에 있든 외국에 있든 장소와 상관없이 업무를 처리할 수 있다. 직원들한테 말하지 않고 갑작스레 외국 출장을 가더라도 업무에 전혀 지장이 없다. 메일로 업무 보고를 받아 결재를 해주니 직원들은 내가 어디 있는지 굳이 알 필요가 없는 것이다. 신속한 결재는 기업에서 엄청난 경쟁력을 발휘한다. 어떤 문제에 직면했을 때 CEO의 결재 시기가 기업 경영에 미치는 영향력은 막대하다.

휴대전화와 노트북 예찬을 이렇게 늘어놓는 까닭은 우리가 일상적으로 사용하는 기기들을 제대로 활용하지 않으면 시대에 뒤떨어질 수밖에 없기 때문이다. 그리고 소위 디지털 시대에 당연히 알아야 할 여러 가지 디지털 상식과 지식을 습득하려면 나름대로 많은 노력을 기울여야 한다. 나 또한 젊은 사람들과 대화 수준을 맞추고 변화하는 시대에 발맞추기 위해 젊은 사람들 못지않게 그런 기술을 자유롭게 쓸 수 있도록 미리미리 습득하기 위해 노력한다.

이메일로 수시로 대화하라

20~30대 젊은 직원들하고 커뮤니케이션을 하는 데는 이메일이 매우 효과적이다. 몇천 명이나 되는 직원들을 일일이 만나볼 수도 없으니 수시로 이메일을 보낸다. 또 직원들의 생일이 되면 생일 축하 꽃다발을 보내주고 의무적으로 회사를 위한 제안을 하나씩 하라고 권한다. 일명 '생일제안제도'이다.

직원들이 이메일을 보내오면 나 역시 이메일로 직접 회신을 보낸다. 천 명이 제안을 해서 그중 10분의 1만 건져도 1년에 백 가지씩 좋은 제안이 나온다. 그러면 회사에는 백 가지 변화가 올 수 있다. 그동안 직원들이 다양한 제안들을 보내와 회사 경영에 많은 도움이 되었다.

한번은 한 직원의 부인이 이메일을 보내왔다. 참으로 눈물겨운 내용이었다. 남편이 10년째 과장을 하고 있는데, 자기는 자기 남편이 최고라고 생각하고 애들도 아빠가 최고라고 생각하지만 진급 때만 되면 남편이 코가 쭉 빠져서 온다는 하소연이 담겨 있었다. 우리 회사는 몇 년 이상 과장을 하면 진급이 안 되는 직급 제한

이 있어 만년 과장에 머물 수밖에 없다. 그러니까 이걸 좀 어떻게 해결을 해달라고, 하다못해 호칭만이라도 제발 차장이라 불러줄 수 없느냐는 인사 제안을 해온 것이었다.

얼마나 애가 탔으면 그런 얘기를 했을까라는 생각이 들었다. 그래서 그다음부터 인사제도를 바꾸어 일정한 기간이 되면 과장, 차장, 부장 호칭을 부르는 것으로 바꾸었다. 사실 직함을 올려 불러주는 게 그리 대단한 일은 아니다. 실제 보수나 이런 것은 급여 연봉제에 따르니 호칭은 아무 문제 없다. 그러나 호칭을 바꿈으로써 근무 의욕을 높이는 효과를 가져올 수 있다.

그 부인에게 "좋은 제안을 해주셔서 감사합니다"라고 답신을 보냈더니, 내가 자신에게 그런 회신을 보낼 것이라고는 생각도 못했는지 "저한테 이렇게 회신을 보내주신 것만 해도 감지덕지한데 이렇게까지 좋은 내용을 보내주셔서 너무나 감사합니다"라는 감동의 메시지가 날아왔다. 만일 내가 평소 이메일을 커뮤니케이션의 한 수단으로 자주 활용하지 않았다면 이런 일은 불가능했을 것이다.

새벽형 인간이 되어라

대학을 졸업하는 시점에는 장거리 레이스를 시작하는 마라톤 선수처럼 다들 동일한 출발점에 서 있다. 그런데 시간이 갈수록 마치 컴퍼스의 각도처럼 서로 간의 거리가 점점 벌어진다. 누가 어떤 노력을 하느냐, 누가 어떤 열정을 갖고 있느냐, 누가 자기 변화에 대해서 얼마나 빨리 적응하느냐가 이런 차이를 가져온다. 이런 차이에 의해서 간격이 벌어지기 시작해 10년, 20년, 30년, 40년 후에는 엄청난 차이가 벌어진다.

나 역시 입사시험을 보고 대기업에 들어왔다. 그동안 계장, 대리, 과장대리, 과장, 차장대리, 차장, 부장서리, 부장, 이사대우, 이사, 상무, 전무, 부사장, 사장, 부회장 모든 직급을 차례로 거쳤다(예전에는 요즘보다 직급 체계가 훨씬 많았다). 그래서 신입사원의 애로사항, 계장의 애로사항, 과장의 애로사항 등 각 직급마다의 애로사항이 뭔지 어떻게 해야 된다는 것을 누구보다도 잘 안다.

사람들이 나를 보고 성공한 CEO라는 얘기를 자주 한다. 그러면서 어떻게 해서 지금 이런 자리에 오르게 됐느냐고 묻는다. 거기에는 여러 가지 이유가 있겠지만 한 가지를 꼽으라면 '부지런함'을 들 수 있다. 성공한 CEO들의 여러 가지 습관을 분석한 자료를 보면 성공한 CEO의 대다수가 '새벽형 인간'이라는 특징을 가지고 있다는 지적이 있다. 새벽형 인간이라는 것은 단순하게 말하면 '남보다 한 걸음 앞서서 부지런하다'는 얘기다.

직장생활을 시작한 지 40년가량 되었는데, 신입사원 시절부터 나의 기상시간은 항상 새벽 5시 반이다. 그동안 일곱 군데 직장을 다녔는데 모두 출근 시간이 일렀다. 그래서 보통 6시에는 집에서 출발해야 했다. 그리고 퇴근은 밤 12시다. 예전에 통금시간이 있을 때 통금시간 직전까지 부리나케 총알택시를 타고 집에 들어가는 게 습관이 되어 지금도 11시, 12시가 되어야 집에 들어간다. 그러다 보니 자는 시간은 불과 5시간도 안 된다.

나는 새벽형 인간임에 분명하다. 하지만 단지 부지런한 데 그쳐서는 안 된다. 새벽 4시에 일어난다 하더라도 시간 활용을 제대로 하지 못하면 쓸모없는 짓이 될 수도 있기 때문이다.

끊임없이 열정을 가지고 혁신하라

항상 남보다 변화하는 데 앞장서고, 내 조직이 변화하는 데 앞장서고, 내 자신이 그 변화를 통해서 혁신하는 데 앞장서고, 또 그 혁신을 위해서 끊임없는 도전하고 열정을 가져야 한다. 도전과 열정이 없었다면, 오늘날 내가 이 자리에 있지 못했을 것이다.

지난 참여정부에서 가장 중요한 키워드는 혁신이었다. 각 부처마다 혁신위원회가 있었고 각 부처와 공공기관이 평가를 했다. 청와대에도 혁신 담당 비서가 있었고, 다들 '혁신'이라는 말을 입에 달고 살았다. 그런데 과연 혁신에 성공했다고 말할 수 있을까? 단연코 '아니오'다. 정부기관이나 정부는 혁신에 성공하기 어려운 조직이다. 왜? 그런 곳은 혁신을 안 해도 죽지 않기 때문이다. 국민의 세금으로 살아갈 수 있으니까.

그러나 기업은 어떤가. 기업은 혁신을 하지 않으면 바로 죽는다. 《닛케이 비즈니스 보고서》에 따르면 현대 기업의 평균 수명은 30년이다. 《포천》에서도 불과 30년 내지 40년으로 본다. 물론 200년 이상 된 장수 기업도 있다. 세계적으로 200년 이상 된 장수 기업은 일본에 200여 개, 독일에 30여 개, 미국에 약 15개다. 우리나라에는 아직 한 군데도 없다. 장수하는 기업들의 공통점 중 하나는 끊임없이 새로운 환경 변화에 적응하고 혁신하고 목표를 달성한다는 점이다. 개인 역시 마찬가지다. 혁신하지 않으면 결코 자신의 목표를 이룰 수 없다.

변화에 동참하지 않으면 영원히 뒤떨어지고 만다

대학 졸업 후 나의 첫 직장은 IT 분야였다. 수학을 전공한 탓에 다른 사람들보다 일찍 컴퓨터를 접한 덕분이었다. 그때가 1969년이었다. 요즘은 집집마다 컴퓨터가 있고 애어른 할 것 없이 다들 컴퓨터를 쓸 수 있지만 당시만 해도 컴퓨터를 구경하기도 힘든 시절이었다. 1969년이면 우리나라에 처음 컴퓨터가 들어올 때이다.

친구 집에 놀러갔다가 컴퓨터 책을 보게 된 것이 계기였다. 그 친구 형님이 미8군에서 프로그램 쪽 일을 했기 때문에 컴퓨터 책이 있었는데 나는 그 책을 보고 '야! 이게 미래에 엄청난 변화를 가지고 올 수 있는 기기겠다'라는 호기심이 생겼다. 그래서 그 책을 빌려다가 열심히 독학을 했다. 대학을 졸업할 무렵에는 서울에도 컴퓨터 학원이 하나 둘 생기기 시작했고, 나는 학원 강사로 들어가 컴퓨터를 가르칠 만큼 실력을 갖추게 되었다.

그러고 나서 대한항공에 공채 1기로 입사해 우리나라 최초로 국제 시스템을 온라인화하는 작업을 했다. 그때가 1972년이었는데 참으로 난감했다. 컴퓨터 관련 학과가 없던 시절이니 온라인이 뭔지 아는 사람이 아무도 없었다. 1980년대가 되어서야 컴퓨터 관련 학과가 생겨났다.

그래서 회장님이 써준 소개장 하나 달랑 들고 캐나다 밴쿠버에 있는 'CP에어'라는 항공사에 연수를 갔다. CP에어는 당시 한창 온라인 개발을 하고 있었다. 지금은 밴쿠버에 한국 사람이 몇만 명 살고 있지만 당시는 딱 네 사람이 살았다. 그러니 캐나다 사람들은 한국이 어디 있는지도 모를 수밖에.

거기서 6개월가량 머물면서 공부를 한 뒤, 한국으로 돌아와 60명으로 팀을 짜서 호텔에서 2년간 합숙하면서 대한항공 온라인 시스템을 개발했다.

당시에는 항공 예약을 전부 수작업으로 처리했다. "서울에서 부산 오가는 비행기 몇 시" 그러면 카드에다 일일이 손으로 썼다. 그 일을 하는 직원이 몇백 명이나 되었다. 그러다 취소하면 지우고……. 정말 호랑이 담배 피던 시절 얘기다. 그런데 온라인 프로그램 개발에 성공해 지금처럼 컴퓨터로 예약을 받게 된 것이다.

당시 전 세계 항공사들이 전부 '토토토' 하는 텔레타이프를 이용해 통신을 했다. 텔레타이프는 문자를 '따따따따' 모스부호로 바꾸어 구멍이 빵빵빵 뚫린 천공테이프에 기록하는 방식이다. 이걸 지금과 같은 소위 메시지 스위칭 시스템, 즉 메시지를 교환하는 그런 통신 시스템을 컴퓨터로 개발한 것이다.

그걸 2년 6개월 만에 완성했다. 그것도 캐나다 CP에어보다 1년 앞서 완성했으니 다들 어떻게 그렇게 빨리 개발했느냐고 전 세계 항공사들이 깜짝 놀랐다. 우리나라 사람들이 확실히 수학적인 두뇌가 있어 그렇게 빨리 개발하지 않았나 싶다. 당시에는 엄청난 변화였다. 누구도 상상하지 못한 일이었다.

그런데 예상외의 문제가 발생했다. 몇백 명의 사람이 수작업으로 하던 일이 하루아침에 다 없어지게 생겼으니 해당 부서에서 엄청나게 반발한 것이다. "이걸 개발하면 우리는 다 어디로 가란 얘기냐?"라며 항의를 했다. 심지어 컴퓨터가 들어오자 해당 부서에서 밤에 그걸 복도에 내놔버려, 아침에 다시 갖다가 집어넣는 실랑이가 벌어졌다. 이후 끈질긴 설득 작업에 들어갔다. "컴퓨터를 사용한다고 여러분의 일자리가 없어지는 게 아닙니다. 여러분은 한 차원 높은 일을 배우고, 한 차원 높은 IT 기술을 배워서 다른 일을 할 수 있습니다. 이 변화에 동참하지 않으면 영원히 뒤떨어지고 맙니다"라고 설득했다.

써보니 편하더라는 사람이 하나둘 늘어갔고 결국 이 시스템은 성공적으로 안착할 수 있었다. 그리고 텔레타이프를 치던 이들에게 데이터 통신이라는 걸 가르쳐 그들은 이후 우리나라 데이터 통신에 큰 기여를 한 엔지니어들이 됐다. 우리나라에 제3의 물결이니 정보화 혁명 얘기가 나오던 때의 이야기다.

스스로 새로운 변화를 찾아나서라

늘 새로운 변화를 좇는 성격 탓에, 시스템을 거의 다 개발하자 그 자리에 머물 수가 없었다. 그래서 새로운 변화를 찾기 위해 건설회사로 이직했다. 1980년대 중동 건설 붐이 일어나서 건설회사들이 한창 해외로 진출할 때였다.

회사에서 미국 공사를 땄는데 컴퓨터로 공정관리를 해야만 한다는 조건이 붙어 있어 내가 그 일을 맡게 된 것이었다. 그곳에서 온라인 개발을 하면서 이번에는 건설회사의 시스템화를 이루어냈다. 건설회사 하면 그 당시에는 굉장히 투박하고 원칙이 없고 중구난방으로 일하는 노가다판이라는 생각이 지배적이었다. 그런 곳에서 시스템 관리를 해서 질서를 잡고 업무 프로세서를 새로 만들고 새로운 변화를 가져오는 계기를 마련했다.

거기서 몇 년 있다가 또다시 엉덩이가 들썩거렸다. 1980년 후반에 정부에서 기업을 평가하는 신용평가원을 만들었다. 신용평가원은 외환위기 때 엄청난 위력을 발휘했다. 신용평가원에서 어떤 회사에 대해 불리한 평가를 하면 그 회사는 금융기관에서 자금 조달을 못한다. 그곳에서 우리나라 모든 기업체의 지난 20년 동안의 데이터베이스를 정리해 각 기업의 과거 재무제표, 유동성, 재무비율, 부채비율을 파악했다. 그런 다음 그 회사의 기본적인 신용을 판단할 수 있는, 원천 자료를 만들 수 있는 시스템을 구축했다.

그 이후 금호아시아나그룹에서 항공사를 만들었을 때 그곳에 합류하게 되었다. 그때 나는 "우리가 제2의 후발업체로 출발하는데 기존의 항공사와 똑같은 영업을 해서는 영원히 이류밖에 되지 못합니다. 앞서가는 항공사를 따라잡으려면 뭔가 달라져야 합니다. 특히 영업 방법부터 달라져야 합니다"라고 주장했다.

하지만 내가 몸담은 곳이 기술 부서였기 때문에 영업 쪽 사람들에겐 내 말이 먹혀들지 않았다. 당시는 소위 공중통신망, 예를 들어 '천리안'이나 '하이텔' 등 인터넷이 우리나라에 들어오기 전이어서 온라인 상거래, 다시 말해 인터넷에서 상거래를 하지 않을 때였다. 그래서 다들 여행사에서 항공권을 발권했다.

그때 100만 대의 PC가 우리나라에 있었다. 지금은 2,000만 대가 넘지만. 당시 PC를 쓰는 사람은 주로 대학생이었다. 그래서 나는 이 100만 명의 미래 고객을 우리가 잡으면 앞으로 성공할 것이라고 생각했다. 그러려면 그들이 직접 예약하고 티켓을 구입할 수 있는 시스템을 구축해야 한다고 주장하며 온라인 상거래 시스템 개발을 시작했는데 주변에선 다들 못 믿겠다는 반응이었다.

겨우겨우 사람들을 설득해 우리나라에서 최초로 온라인 상거래 시스템을 구축했다. 그 결과, 나중에 인터넷이 보급되어 인터넷 쪽으로 상거래가 옮겨지다보니 타 항공사보다 훨씬 앞선, 전 세계에서 몇 번째 안 되는 그런 온라인 거래 시스템을 구축할 수 있었다.

개혁 과정 없이 성공은 없다

20년 이상 항공사에서 일한 뒤 처음으로 CEO라는 직함을 가지고 맡은 곳이 건설 분야다. 금호엔지니어링이었다.

그곳은 설계, 토목, 교량, 건물 설계 등을 맡는 설계사들이 모인 집단이다. 따라서 우리나라에서 내로라하는 최고의 기술자들이 모인 데였는데도 여전히 도면을 수작업으로 그리고 있었다. 그리고 이들은 자기가 만든 도면을 전부 숨기고 내놓지를 않았다. 그 결과 이들이 회사를 떠나면서 자기 도면을 가지고 가버리면 그동안 회사가 막대한 투자를 했던 기술은 다 없어져버린다.

그동안 IT 쪽 일을 하다보니 아무래도 새로운 변화를 좇아가는 혁신을 하게 되었고, 그런 것들에 대한 분석력과 시야가 남다른 면이 있었다. 그래서 이번에도 과감한 시도를 했다. 캐드캠으로 그동안의 모든 기술 도면을 컴퓨터에 집어넣는 작업을 시작한 것이다. 그리고 새로운 설계 작업을 할 때는 의무적으로 컴퓨터를 이용하라고 했더니 엄청난 반발이 있었다.

컴퓨터로 작업을 하면 비슷한 설계를 할 경우 과거의 설계 도면을 가져다 조금만 수정하면 금방 된다는 장점이 있다. 또 그 사람이 없더라도 새로운 사람이 과거에 했던 자료를 이용하면 과거에 이 다리는 어떻게 설계가 됐는지, 후속 메인 트랩을 어떻게 해야 할지 결정적인 자료가 된다. 그런데 그 자료를 창고에 쌓아두면 몇 년이 지나면 찾지도 못한다.

그런 일련의 개혁 과정을 거치면서 엔지니어링 회사 중 30위권이던 금호엔지니어링은 3위권까지 올라갈 수 있었다.

죽을 각오로 어려움을 극복하라

지금까지 직장생활을 하면서 가장 어려웠던 시기는 외환위기 이후에 우리나라 대기업들이 워크아웃에 들어가고 기라성 같은 재벌기업들이 부도가 나고 했던 시절이다.

2002년 1월 1일, 금호건설 CEO로 발령을 받았는데, 회사는 겨우 명맥만 유지하고 있는 상태였다. 사람으로 말하면 인공호흡기에 의존한 채 숨만 겨우 쉬고 있는 중병환자였다. 은행에 부채가 8,000억여 원, 연평균 금융이자가 13.5퍼센트였다. 그러면 연이자만 1,000억 원 이상 나가야 되는데 수입은 몇백억도 안 되는 적자 상태였다. 부채비율은 480~500퍼센트였고, 신용평가원 불량 리스트에 올라가 대출도 받을 수 없는 상황이었다.

사정이 그렇다 보니 공공부문에 입찰도 할 수 없었다. 신용등급이 얼마 이상 되지 않으면 입찰을 못하기 때문이다. 이런 지경에 있는 회사를 맡고 보니 눈앞이 깜깜했다. 게다가 4~5년 동안 직원들 진급도 안 시켜주고 급여도 안 올려주고 구조조정을 계속하다 보니 유능한 직원들은 다 떠나가버리고 정말 그야말로 빈사 상태였다.

그동안 많은 도전을 해왔고 여러 차례 어려운 고비를 겪어왔지만 그때처럼 어려웠던 적이 없었다. 내가 여기서 좌절할 것이냐, 회사 문을 닫을 것이냐, 워크아웃을 할 것이냐 갈등이 심했다.

고민 끝에 모든 직원들을 모아서 오대산으로 갔다. 눈이 펑펑 내리던 겨울날 다 함께 눈밭에서 뒹굴며 등산을 한 뒤 그날 저녁에 직원들한테 말했다.

"지금부터 내 얘길 잘 들으십시오. 우리 회사가 지금 어떤 상태인지, 우리 건강이 어떤 상태인지 내 얘길 듣고 여러분이 회사를 살릴 것인지 이대로 죽을 것인지를 결정해야 합니다."

그리고 회사의 경영 상태를 상세히 설명하면서 “지금 이런 지경입니다. 지금부터 내가 선장으로서 키를 잡고 뛸 테니까 여러분이 나를 따라오겠다면 같이 한번 회사를 살려보고, 그렇지 않으면 여기서 죽을 수밖에 없습니다. 사실 나는 다시 IT 업계로 돌아가면 됩니다. 지금도 나를 원하는 곳은 많습니다. 그러나 여러분은 다들 건설 전문가이니 평생 건설업계에 있어야 합니다. 이대로 주저앉으면 여러분의 앞날은 장담하기 힘듭니다”라고 호소했다.

직원들이 다들 눈물을 흘리며 회사를 살려보겠다는 의지를 강하게 내비쳤다. 그들의 눈빛을 보면서 “한번 해봅시다”라며 새로운 각오로 시작할 수 있었다.

이후 다들 뼈를 깎는 노력을 했다. 한 2년간 구조조정을 하고, 엄청난 업무 변화를 가져왔다. 시스템도 다 뜯어고치고 모든 시스템을 IT에 접목시켜서 혁신적인 시스템을 구축했다. 그렇게 하자 다시 회사가 흑자로 돌아섰다. 회사를 맡을 당시 1,500~1,700원 하던 주가가 2만 원, 3만 원이 되었다. 몇 년 전에는 9만 700원까지 갔다. 그리고 2007년에는 우리나라 최대의 건설회사인 대우건설을 인수하게 되었다. 엄청난 저력을 발휘한 것이다.

그렇게 해서 금호건설은 단 1원의 공적자금도 쓰지 않고 회생할 수 있었다. 외환위기 당시 대부분의 기업이 정부의 공적자금을 썼다. 또한 많은 기업이 부도가 나 은행에 막대한 피해를 줬다. 회사가 워크아웃에 들어가면 결국 국민들의 피땀 흘린 세금이 들어가는 것이다. 단 1원의 공적자금도 쓰지 않고 단 1원도 금융기관에 피해를 안 주고 회생했던 그때의 경험이 그동안 살아온 내 삶에서 가장 기억에 남는다.

꿈꾸는 사람만이 꿈을 이룰 수 있다

변화에 대해서 두려움을 가졌더라면 그렇게까지 행동하지 못했을 것이다. 또 새로운 변화에 대한 도전의식이 없었으면 결코 성공하지 못했을 것이다. 그리고 그걸 이루고자 하는 열정이 없었으면 그 힘든 과정을 견뎌내지 못했을 것이다.

다시 한 번 강조하지만 출발점은 모두 동일하다. 어떻게 하면 성공한 CEO가 될 수 있느냐, 어떻게 하면 훌륭한 사회인으로 성장할 수 있느냐는 전적으로 본인의 의지와 행동에 달려 있다. 결코 남이 해주는 게 아니다.

사회에 들어서는 순간 엄청난 변화에 직면하게 된다. 대학에서 배우는 지식은 사회에 나가면 10퍼센트도 활용할 수 없다. 새로 배워야 한다. 가는 순간부터 새롭게 배우고, 새롭게 도전하고, 거기에 적응해야 한다. 만일 적응하지 못하면 금방 탈락한다. 그렇기 때문에 매년 수많은 탈락자가 생기는 것이다.

하지만 새로운 변화에 적응하고 겁먹지 않고 열정을 갖고 도전한다면 누구나 꿈을 이룰 수 있다. 정말 꿈은 꾸는 사람만이 이룰 수 있다. 꿈꾸지 않는 사람은 결코 자신의 꿈을 이룰 수 없다.

내가 고등학교 때부터 책상 앞에 써붙여놓고 항상 외우고 다니는 문구가 있다.

"청년아, 불평을 말고 울지를 말아라. 노력과 인내야말로 쓰러린 인생을 광명으로 이끌어주는 참된 안내자이다. 살아서 굴욕과 천대와 멸시를 받음보다는 분투 중에 쓰러짐을 택하라."

어렵고 힘겨울 때 그 문구를 외우고 쳐다보면서 용기를 얻고 새로운 각오를 다졌다. 그동안 몇 번의 좌절을 겪으면서도 다시 도전할 수 있었던 것은 그러한 용기와 열정이 있었기 때문이다.

| 신훈의 경영철학 |

"한발 앞선 변화에 대해 예측하며 집념, 열정으로 새로운 것에 도전하고 솔선수범을 통해 혁신을 이루어내자."
끊임없는 노력과 연구를 통해 미래에 생길 일을 예측할 수 있는 능력을 기르고, 집념과 열정을 통해 새로운 것에 도전하는 데 두려워하지 말며, 무슨 일을 추진하든지 솔선수범하여 혁신적인 성과를 얻어내자는 의미이다.

CEO 생생토크

1_ 직장에 들어가 적응을 하고 본격적으로 인생의 큰 바탕을 준비하는 시기는 30대라 생각합니다. 어쩌면 자기 인생의 방향을 정하고 성공의 초석을 다지는 중요한 시기라고 생각되는데요. 곧 30대를 맞이하게 될 20대 후반의 젊은이들에게, 30대를 어떻게 보내야 하는지 조언을 들려주시면 감사하겠습니다. 그리고 부회장님의 30대 이야기를 듣고 싶습니다.

20대 후반에 사회에 발을 디디면 금세 30대가 됩니다. 이때가 가장 중요한 시기입니다. 제 인생에서 가장 중요한 시기 역시 그때였다고 생각합니다. 그때는 직장에서도 초년병이고, 결혼도 해야 하고, 사회에 대한 책임도 따릅니다. 특히 결혼을 하면 가족에 대한 엄청난 책임감이 따릅니다.

30대에는 인생을 살아가는 데 필요한 기본적인 것들을 확실히 다져놓아야 합니다. 40대, 50대를 위한 튼튼한 초석을 다지는 시기이기 때문입니다. 그러기 위해선 우선 앞으로 어떻게 하겠다는 방향 설정을 분명히 해야 합니다. 직장을 선택할 때는 그 직장에 대한 앞으로의 목표를 세워야 합니다.

목표를 설정한 다음에는 정말 그 분야에 있어서는 누구에게도 뒤떨어지지 않는 전문가가 되어야 합니다. 그러려면 무엇보다도 실력이 우선입니다. 특히 30대에는 실력이 없으면 앞으로 나아갈 수가 없습니다. 배경이나 학연, 지연 등은 통하지 않습니다. 일단 사회에 나오면 실력으로만 통할 수 있습니다. 물론 40대, 50대가 되면 또 달라집니다. 그러나 매니저가 되기 전까지 적어도 30대에 실무자 역할을 하려면 그 분야의 최고 전문가가 될 수 있도록 실력을 확실하게 쌓아야 합니다. 그런 경지에 이르면 그다음부터는 일이 좀 쉬워집니다. 그렇게 되기 위해선 스스로 엄청난 노력을 기울여야 합니다.

2_ 항상 변화와 혁신에 대한 도전과 열망을 가지고 그걸 좇아가는 게 가장 중요하다고 강조하셨는데, 저희 같은 젊은이들이 그 변화와 혁신에 대응할 수 있는 방법으로 무엇이 있을까요?

어렸을 때는 누가 "넌 꿈이 뭐냐?"라고 물으면 "장관이 되고 싶다, 대통령이 되고 싶다"는 얘기를 많이 합니다. 그러나 어렸을 때 꿈을 이루는 사람은 드뭅니다. 저 역시 차츰 성장하면서 꿈이 많이 달라졌습니다.

저는 학창 시절에 수학을 참 좋아했습니다. 수학이라는 게 사실 참 골치가 아픕니다. 그러나 여러 번 도전해서 끈기 있게 어려운 문제를 풀어냈을 때 쾌감이 있습니다. 제가 거기에 빠졌던 거죠.

중학교 2학년 때의 이야기입니다. 수학 선생님이 일부러 분위기를 잡느라고 새 학기 초에 굉장히 어려운 문제를 하나 냈어요. 1번부터 나와서 풀라고 시킨 뒤 못 푸는 사람은 의자를 손에 들고 서 있게 했습니다.

그때 제 번호가 35번이었는데 서른네 명이 손을 들고 서 있었습니다. 이전에 풀어본 문제였기에 제 차례가 되자 별 어려움 없이 풀었습니다. 그러자 선생님이 놀라면서 "너는 앞으로 수학 시험 보지 마라. 넌 시험 안 봐도 무조건 '수'를 주마"라고 말했습니다. 그런데 그 선생님 덕분에 오히려 더 열심히 수학공부를 하게 되었습니다. 시험 때는 제 답안지를 가지고 선생님이 점수를 매겼을 정도였죠. 그러다 보니 수학을 더 좋아하게 되었습니다.

고3 때는 일본에서 나온 어려운 수학문제를 가져다 풀었습니다. 어쩔 땐 일주일 동안 문제를 해결하지 못해 밤잠을 못 자고 그 문제에 매달렸습니다. 선생님한테 물어봐도 모르고, 혼자서 그냥 쩔쩔매다가 어느 순간 잠이 들었는데 꿈속에서 그 문제를 풀었습니다. 그래서 벌떡 일어나서 풀어보니까 정말 풀렸습니다. 지금도 그 기억이 생생합니다. 사회생활을 할 때도 어떤 어려운 문제가 있으면 계속 밤잠을 안 자고 연구를 하다보면 풀릴 때가 있습니다.

고등학교를 졸업할 무렵에 모 대학에서 학력경시대회를 치렀는데, 그 대회에서 수학 부문 전국 1등을 해서 더욱더 수학을 좋아하게 되었습니다. 그래서 수학과를 가게 되었고. 당시는 한창 과외선생이 인기가 좋았던 때라 대학을 졸업하면 수학학원을 차려 돈을 좀 벌겠다 싶었죠. 그런데 3학년 때 군대를 갔다 온 뒤 생각이 달라졌습니다. 수학을 가르치는 것보다는 이걸 다른 데 응용해서 뭔가 새로운 일을, 사회에 기여할 수 있는 일을 해야겠다는 생각이 들었죠.

그리고 컴퓨터를 접하면서 '아! 미래에 바로 이것이 엄청난 사회 변화를 가져올 수 있는 훌륭한 도구가 되겠다'라는 생각이 들었습니다. 아마 당시 학원가로 뛰어들었으면 지금쯤 큰 재벌이 됐을지도 모릅니다. 흔히들 남자는 세 가지를 택한다고 그러잖아요. 재력이냐, 권력이냐, 명예냐. 그러나 하느님이 우리에게 이 세 가지 모두를 동의해주지는 않습니다. 그래서 저는 'IT 분야에서 일인자가 돼봐야겠다'라는 생각을 하게 되었습니다. 그 결과 우리나라의 초창기 IT 업계를 끌어나갈 수 있었습니다. 아마 건설업계에서는 제 이름을 모르는 사람이 있어도 IT 업계에서는 제 이름을 모르는 사람이 없을 겁니다.

결코 현재에 만족하고 안주하지 말고 항상 새로운 도전을 위해서 준비하십시오. 그러면 자신이 원하는 꿈을 이룰 수 있을 겁니다.

세상을 흔들어 깨워라

자신이 원하는 것을 얻기 위한 도전

이계웅 할리데이비슨코리아 대표이사

1987 (주)대우 섬유사업부 해외사업팀 멕시코법인 근무

1999 (주)할리데이비슨코리아 설립

2003 미국 상공회의소 자동차 분과위원회 공동 의장

2004 KMIA(한국모터사이클산업협회) 공동 의장

HARLEY-DAVIDSON
1903★2003

아시아에서 두 번째로 큰 모터사이클 시장을 만들다

세계 최고의 전통과 명성을 자랑하는 최고의 모터사이클 할리데이비슨 본사를 두드린 한국인이 있었다. 십여 년 전만 해도 할리데이비슨 본사는 한국 시장에 관심조차 없을 때였다. 뿐만 아니라 시도 때도 없이 전화를 해대는 한국인에게 담당자는 "연락할 때까지 먼저 전화하지 말라"는 통보까지 했다. 그러나 결국 할리데이비슨은 한국에 독립 컴퍼니를 허락했고, 할리데이비슨코리아는 지난 10년간 평균 30퍼센트 이상 성장하는 탄탄한 기업으로 자리 잡았다. 그 주인공이 바로 할리데이비슨에 대한 뜨거운 열정과 사랑을 가진 이계웅 대표이사다.

우리는 꿈을 실현한다

아버지의 모터사이클 사랑 덕분에 어린 시절부터 모터사이클과 함께 자란 이계웅 대표이사는 서른여섯 살 되던 해에 자신이 진정으로 좋아하는 모터사이클과 관련된 일을 하기로 결정했다. 그 꿈을 이룬 지금 그는 너무나 행복하다. 그는 말한다. 할리데이비슨은 사람들의 꿈을 실현시켜주기 위해 존재하는 회사라고.

이계웅 자신이 진정으로 좋아하는 일을 즐기면서 할 수 있다면 얼마나 행복할까? 그 행복한 주인공이, 100년 전통 글로벌 모터사이클 기업의 한국 유일의 독립법인 CEO 이계웅 대표이사다. 그는 단순히 모터사이클을 판매하지 않는다. 라이더들과 함께 호흡하며 100년 기업의 전통과 자유정신, 그리고 열정을 고객에게 전달하고 있다.

모터사이클 기업의 CEO로서 이계웅 대표이사는 하나의 확신을 가지고 있다. 모터사이클이 그의 꿈을 이루어주었듯이, 고객과 직원들의 꿈도 이루어주리라는 믿음이 그것이다. 오늘도 모터사이클을 통해 고객과 자신의 꿈을 실현해나가는 이계웅 대표이사가 말하는 모터사이클 기업의 아주 특별한 경영철학은 무엇일까?

아마도 나의 모터사이클 사랑은 아버지로부터 대물림된 듯하다. 아버지는 77세까지 모터사이클을 즐기셨다. 어렸을 때부터 모터사이클은 내 생활의 일부였다.

추석 때면 이른 새벽 대전에서 출발해 큰집이 있는 창원까지 아버지가 모는 모터사이클 휘발유통 위에 앉아 아버지와 함께 그 먼 거리를 달렸다. 그러면서도 힘들다거나 무섭다는 생각은 들지 않고 굉장히 춥다는 생각만 들었다. 아버지가 춥지 않느냐고 물어보셨지만, 안 춥다고 했다. 혹시 다시 안 태워주실까봐 그랬다.

그리고 휘발유 냄새를 좋아해 휘발유통을 열어서 냄새를 맡곤 했다. 나는 지금도 그 냄새를 좋아한다. 그런데 우리 아들도 나처럼 모터사이클을 좋아한다. 아버지에게 물려받은 모터사이클에 대한 사랑이 내 아들에게도 끈끈하게 이어졌나보다.

마음속에 품은 꿈을 실현한다

모터사이클은 한번 빠지면 거기서 헤어나지 못하게 만드는 중독성이 있는 듯하다. 그중에서도 특히 할리데이비슨은 수많은 마니아들의 사랑을 받고 있다.

도대체 할리데이비슨이 무엇이기에, 왜 사람들이 수천만 원이라는 거금을 들여 에어컨도 안 나오고 (ABS도 없고) 바퀴도 2개밖에 없는 모터사이클을 사는 것일까? 그래서 많은 사람들이 "할리데이비슨이란 게 도대체 뭔가요?"라는 질문을 한다.

그럼 나는 자신 있게 말한다.

"저희들은 모터사이클을 파는 회사가 아니고 문화를 파는 회사입니다."

할리데이비슨이 생각하는 브랜드는 고객이 원하는 기대치와 회사가 고객에게 약속하는 것이 만나는 지점이다. 할리데이비슨의 기업사명은 "모터사이클을 타는 특별한 경험을 통해 고객의 꿈을 실현해나간다"이다. 할리데이비슨이 클래식한 모델을 계속 만드는 이유도 할리데이비슨의 고객들이 마음속에 갖고 있던 꿈을 계속 실현시켜주겠다는 고객과의 약속을 지키기 위해서다.

중학교 다닐 때 옆집 아저씨가 할리데이비슨을 타는 걸 보고 어른이 되면 꼭 나도 할리데이비슨을 타고 싶다고 생각한 사람이 있다고 가정해보자. 그래서 30년쯤 지난 후에 할리데이비슨 딜러숍에 갔는데, 옛날에 봤던 그 모터사이클은 없어지고 아주 현대화된 모터사이클이 있다면 그 사람의 기분은 어떨까? 자신이 옛날에

봤던 시계는 롤렉스 같은 건데 나중에 그 시계를 사러 갔더니 전자시계만 팔고 있는 것과 마찬가지 상황이다.

그렇게 해서는 고객의 꿈을 실현해줄 수 없다. 그래서 할리데이비슨은 전통을 계속 지켜가면서 고객의 꿈을 계속 실현해주기 위해 활동한다. 디자인도 이런 철학을 바탕으로 한다.

2007년 《비즈니스위크》 선정 세계 100대 브랜드 순위를 보면 할리데이비슨은 45위다. 우리나라 기업은 3개 올랐는데 삼성이 21위, 현대가 72위, LG가 97위였다.

브랜드 가치로 따지자면 코카콜라가 일등이지만, 고객들의 브랜드 충성도를 따지자면 우리 회사가 으뜸일 것이다. 우리 회사 고객들은 심지어 브랜드로 문신을 하기도 한다. 아무리 전 세계 사람들이 코카콜라를 즐겨 마셔도 여태껏 코카콜라 문신을 한 사람은 보질 못했다. 이런 문신을 새길 정도의 열렬한 충성도를 지닌 브랜드를 '러브 마크'라고 한다. 이것은 브랜드 자체를 뛰어넘어 그 브랜드가 소유한 문화 자체에 열렬히 환호하는 소비자가 있을 때만 가능한 것이다.

러브 마크는 세 가지 요소가 있어야 가능하다. 신비롭고, 감각적이고, 친근해야 한다. 외국인들 중에는 자신의 어깨에 여자친구 이름을 새기는 사람들을 종종 볼 수 있는데, 이 역시 세 가지 요소가 있을 때 가능한 얘기다.

그래서 이런 할리데이비슨 고객들에게 "도대체 당신은 왜 에어컨도 없는 5,000만 원짜리 모터사이클을 사가지고 비 오는 날 6,000킬로미터씩 그렇게 쏘다니냐?"라고 물어보면, 이런 대답이

할리데이비슨 로고를
새긴 사람들

돌아온다. "내가 당신에게 이것을 설명해야 한다면, 절대로 당신은 이해할 수 없을 것이다. 이건 당신이 느껴야 한다.If I have to explain, you wouldn't understand. If you understand, no explanation is necessary."

이 말에서 잘 나타나듯이 할리데이비슨은 굉장히 감성적인 제품이다. 이성적으로 논리적으로 '이렇기 때문에 이런 이유로 구매한다'라고 설명할 수 없다.

할리데이비슨이 제너럴모터스보다 시가총액이 큰 이유

할리데이비슨 본사는 미국 위스콘신 주 밀워키에 있다. 위스콘신 주는 기계산업이 발달한 곳이다. 군수물자회사인 록웰Rockwell 본사, 세계적으로 유명한 연장 회사 스냅온툴Snap-on Tools도 있다. 또 유럽 이민자들이 많이 유입됐기 때문에 유명한 맥주회사 밀러도 위스콘신에 있다.

할리데이비슨은 모터사이클 외에 여러 가지 물건들도 함께 판다. 벨트, 바지, 가죽 재킷을 비롯해 다양한 액세서리들을 판다. 똑같은 모터사이클 100대를 팔면 100명의 고객이 각자 다른 모터사이클을 가지고 있다. 심지어 컬러까지도 바꾼다. 그러니까 각자 자신의 취향에 맞게 커스터마이징customizing을 한다. 이들은 자기 존재 이유를 모터사이클에서 찾는다. 모터사이클을 의인화하는 것이다.

그런 탓에 액세서리 매출이 전체 매출의 15퍼센트 이상을 차지한다. 다시 말해서 1,000만 원짜리 모터사이클을 사면 150만 원어치의 액세서리를 더 사는 셈이다.

물론 할리데이비슨 본사에서 다양한 디자인의 제품을 출시할 수도 있다. 하지만 절대로 그러지 않는다. 이는 매출을 늘리기 위한 것이 아니라 고객이 모터사이클을 통해 자기 자신을 발견하게 해주기 위한 하나의 배려라고 생각한다. 이런 할리데이비슨의 행위를 마케팅 기법이라고 이야기하는 사람들도 있다. 그러나 우리는 고객이 자기만의 모터사이클을 만들 수 있다는 것을 보다 중요하게 생각한다.

2005년 기준으로 제너널모터스GM는 할리데이비슨보다 생산물량이 30배나 크다. 제너럴모터스가 900만 대를 생산하면 할리데이비슨은 30만 대를 생산한다는 얘기다. 그리고 제너럴모터스의 매출은 할리데이비슨보다 40배나 크다. 그러나 시가총액은 할리데이비슨이 제너럴모터스를 앞질렀다. 어떻게 30만 대의 모터사이클을 만드는 회사의 시가총액이 900만 대의 자동차를 만드는 회사의 시가총액보다 더 클 수 있을까?

그 정도로 브랜드 가치를 키워서, 그러니까 비용보다 가격을 더 높게 하고, 또 가격보다 가치를 크게 해서 더 높은 가격을 받고 장사를 하고 있는 것이다.

1996년부터 2006년까지 10년 동안의 할리데이비슨 본사의 평균 매출성장률은 14퍼센트 정도였고, 단기 순이익의 증가율은 21퍼센트였다. 매년 단기 수익을 만들기도 어렵지만 10년 동안 평균적으로 21퍼센트씩 늘리는 건 더욱 어려운 일이다. 그 결과 할리데이비슨의 시가총액이 제너럴모터스의 시가총액보다 더 커지게 된 것이다.

퇴폐 이미지로 낙인찍히다

1903년 밀워키의 어느 호수 앞 작은 창고에서 태어난 할리데이비슨은 105년이란 세월을 지켜왔다. 그동안 죽을 고비도 여러 번 있었다.

할리데이비슨이 태어난 1903년은 우리 인류의 교통 역사에서 상당히 중요한 해이다. 라이트 형제가 비행기를 날렸고, 포드 자동차가 태어났다. 1800년대에 시작된 산업혁명에 의한 결과물들을 일반인들이 쉽게 접할 수 있는 그런 해가 시작된 것이다. 또한 프랑스 전역을 일주하는 사이클 대회인 투르드프랑스Tour de France

할리데이비슨이 탄생한 창고

가 처음 열린 해이기도 하다. 미국의 랜스 암스트롱은 고환암을 무릅쓰고 이 대회에서 7년 연속 우승해 인간 승리를 일궈냈다.

윌리엄 할리와 월터, 아서, 윌리엄 데이비슨 삼형제가 엔진이 달린 '자전거 모터사이클'을 제작함으로써 할리데이비슨의 역사가 시작되었다. 기관차 엔지니어, 자동차와 자전거 회사에 다니던 엔지니어들이 의기투합해서 만든 모터사이클이다.

1903년에 만든 자전거 모터사이클에는 2마력짜리 단기통 엔진이 붙었다. 그다음에는 벨트 드라이브, 그러니까 스프로켓sprocket에서 나온 동력을 가죽 벨트로 뒷바퀴에 전달하게 되었다. 1903년에는 3대, 1910년에는 1,000대의 모터사이클을 생산했다. 그리고 1920년에는 2만 8,000대의 모터사이클을 생산했고, 경찰들이 타

네 명의 할리데이비슨 설립자(Copyright_H-D)

는 사이드카를 1만 6,000대 만들었다.

그러다가 1929년 대공황이 와 미국 경제가 완전히 초토화되면서 1933년 미국 전체 모터사이클 생산 대수가 6,000대에 불과했다. 할리데이비슨이 그중 60퍼센트 이상인 3,700대를 생산했다. 예를 들어 연봉 2,800만 원에 보너스 1,600만 원을 받던 직장인에게 370만 원으로 1년을 살란 얘기였다. 경제적 논리로 따지면 도저히 회사를 지탱할 수가 없었던 상황이었다. 그러나 2차 세계대전 때 9만 대의 모터사이클을 납품하면서 기사회생했다. 그리고 1953년 마지막 남았던 인디언 모터사이클 매뉴팩처링Indian Motorcycle Manufacturing Company 공장이 문을 닫으면서 1954년에는 할리데이비슨이 미국 유일의 모터사이클 기업이 된다.

1903년 최초로 만든 모터사이클(Copyright_H-D)

하지만 호황기도 잠시, 이후 할리데이비슨은 히피, 갱스터, 마초 등 거칠고 부정적인 이미지의 대명사가 된다.

1950년, 미국의 유명한 잡지인 《라이프》에 참전용사의 일상을 담은 기사가 실리면서 할리데이비슨을 비롯한 모터사이클을 타는 사람들에 대한 아주 부정적인 이미지를 심어주게 된다. 그들은 모터사이클을 타고, 술을 마시고, 싸움질을 해대면서 하루를 보낸다는 내용이었다. 2차 세계대전이 끝난 후 많은 참전용사들이 할리데이비슨을 구입했다. 이 기사가 나간 이후 '할리데이비슨을 타는 사람들은 나쁜 사람들이다, 깡패다'라는 이미지가 확산되었다.

여기서 한발 더 나아가 할리데이비슨의 이미지가 완전히 추락하게 된 사건이 있었다. 1969년에 상영된 〈이지 라이더Easy Rider〉라는 영화가 문제였다. 이 영화는 기성세대의 권위에 대한 반항과 젊은이들이 자유를 찾으려는 모습을 그린 미국 영화로 그 당시의 사회상을 있는 그대로 나타냈다.

피터 폰다, 잭 니콜슨, 데니스 호퍼가 출연했는데 이들이 기존 사회구조 속에서 벗어나서 자유를 찾아 나아갈 때 사용한 게 할리데이비슨 모터사이클이다(당시 영화에 나왔던 모터사이클은 할리데이비슨 박물관에 전시되어 있다. 그리고 레플리카replica, 즉 모조품은 라스베이거스 할리카페에 전시되어 있다). 이들은 줄곧 나쁜 짓만 저지르다가 결국 모두 죽는다. 이 영화는 우리나라 젊은이들에게 나쁜 영향을 준다고 한때 상영 금지가 되기도 했다.

1950년대, 1960년대 할리데이비슨의 이미지는 퇴폐문화의 상징이었다. 반항적이고, 히피적이고, 갱스터, 마약…….

하지만 할리데이비슨은 결코 역사를 만들지는 않았다. 퇴폐문화를 만든 것이 아니다. 그 퇴폐문화에 할리데이비슨이 사용됐다고 해야 정확한 표현이다.

할리데이비슨은 시대 언어였다. 할리데이비슨은 미국의 역사, 다른 예술의 역사처럼 항상 그 시대적 언어를 표현하고 싶은 사람들 옆에 부속물로 존재했다. 그리고 시대적 언어가 되었다. 그것이 퇴폐건, 좋은 것이건, 전쟁이건.

미술관과 박물관의 차이는 무엇일까? 미술관은 시대적 언어를 가지고 있는 작품들을 그때의 갤러리에 전시하고, 박물관은 시대적 언어를 가지고 있던 작품들 중에서 살아남은 것들을 전시한다는 데 차이가 있다. 시대적 언어가 없는 것들은 별 의미가 없다.

위기를 기회로 삼다

할리데이비슨의 이미지가 나빠지자 1970년대부터 등장하기 시작한 일본 모터사이클 혼다는 가격과 디자인, 연비를 내세우며 미국 시장을 공략해왔다. 그리고 할리데이비슨과의 차별화를 부각시키는 광고를 했다.

"우리 혼다를 타는 사람은 멋진 사람이야. 그리고 괜찮은 사람이야. 그래서 의사, 간호사, 성직자 그런 사람들이 혼다를 탄다.You meet the nicest people on a Honda."

혼다의 시장 잠식으로 할리데이비슨은 망하기 직전까지 간다. 그 결과 AMFAmerican Machine & Foundry라는 각종 레저용품을 만드는

할리데이비슨과의 차별화를 강조한 혼다의 광고

회사에 합병되는 굴욕을 겪는다. 그리고 AMF는 시장 논리를 앞세워 소형 오토바이 개발에 주력한다. 하지만 시장점유율은 더욱 떨어졌고 회사는 내리막길을 걷게 되었다.

참다못한 13명의 중역들이 1981년 "이래서는 안 된다. 우리는 원래 모터사이클만 만드는 회사다"라며 분리 독립을 선언한다. 경영자가 자사의 주식을 매수하여 경영권을 확보하는 매니지먼트 바이아웃management buy-out을 한 것이다. 이들은 처갓집 돈도 꾸고, 삼촌도 꼬드기고, 은행도 설득하고, 자기 인생의 거의 모든 것을 걸고 다시 회사 재건에 들어갔다.

원래의 모터사이클, 즉 할리데이비슨의 전통을 지켜가면서 이들은 회사를 회생시키기 위해 자신들의 모든 열정을 쏟고 인생을 바쳤다. 이때 나온 말이 '열정passion'이다.

그리고 "독수리는 홀로 비상한다!The eagles soars alone!"라는 캠페인 하에 새로운 도전이 시작되었다. 미국 사람들에게 독수리는 특별한 의미를 가지고 있다. 홀로 나는 독수리는 자유의 상징으로 강인한 미국을 의미하기 때문이다. 그래서 할리데이비슨은 독수리를 로고로 삼고 "이제는 AMF에 기대서 살아가는 것이 아니라 우리끼리 살겠다"는 것을 천명한 것이다.

회사를 회생시키는 첫 번째 단계로 구조조정을 하고 임금을 삭감했다. 그리고 엔진을 비롯한 모터사이클의 품질 개선에 돌입했다. 1984년 이전까지 할리데이비슨의 모터사이클은 고장이 잦았다. 하루 타면 일주일을 고쳐야 할 정도였다. 그러니 정크 모터사이클이란 소릴 들을 수밖에. 허구한 날 기름 새고, 고장 나고, 부러지고, 달리다 보면 머플러는 저쪽에 가 있고……. 하도 덜덜거려서 모터사이클 받침대가 떨어져나가 모터사이클을 세울 수 없을 지경이었다. 그래서 만든 것이 브이트윈 에볼루션V-twin Evolution 엔진이다.

할리데이비슨은 어려운 상황 속에서도 트레이드마크와도 같은 브이트윈 엔진을 계속해서 개발했다. 브이트윈 엔진은 할리데이비슨 전통 중에서 가장 빛나는 하나의 상징적인 엔진이다. 할리데이비슨의 모든 엔진에는 별명이 있다.

1909년에 만들어진 브이트윈 엔진은 세월이 흐르면서 다양한 모습으로 변모했다. 1936년에 만들어진 엔진에는 너클헤드Knucklehead라는 별명이 붙었다. 모양이 주먹처럼 생겼다 해서 붙은 이름이다. 1948년에 만들어진 엔진의 별명은 팬헤드Panhead다. 엔진의 헤드가 프라이팬처럼 생겼다. 그리고 1966년에는 쇼블헤드Shovelhead라는 삽자루처럼 생긴 엔진을 만들었다. 1984년에는 벽돌과 닮았다고 블록헤드Blockhead라는 별명을 가진 에보Evo(Evolution의 약자) 엔진을 만들었다. 이 엔진의 개발로 할리데이비슨의 품질은 눈에 띄게 향상되었다. 1998년에는 트윈 캠Twin Cam 엔진이 만들어졌다. 이 엔진은 더 길고 많아진 냉각핀 때문에 팻헤드Fathead(얼간이)란 별명이 붙었다.

이렇게 여러 가지 엔진을 만들어나가면서도 브이트윈 엔진의 전통을 그대로 유지해왔다. 그렇기 때문에 할리데이비슨에는 '클래식'이라는 말이 붙는다. 클래식이란 오래된, 그런 앤틱한 의미가 아니라 그 클래스에서 최고라는 의미도 가지고 있다. 그 클래스에서 최고이기 때문에 명품으로 살아남는다는 것이다. 이처럼 브이트윈의 전통을 계속 가지고 있는 것은 할리데이비슨의 생존에 있어 상당히 중요한 요소 중 하나이다.

꿈을 실현시켜라

1980년대에 할리데이비슨이 위기에 처하게 된 데는 안 좋은 요소들이 있었다. 승승장구하는 기업을 한 방에 망하게 할 수 있는 세 가지 요소가 있다. 거만하고, 시장점유율에 대한 욕심이 많고, 자기만족적인 기업은 그 미래를 장담하기 힘들다.

당시 할리데이비슨은 800cc 이상의 대형 모터사이클 시장에서 독보적인 존재였다. 미국에 혼다가 들어와 할리데이비슨이라는 회사를 초토화시키기 전에는 자신들이 최고라고 생각했으며 자부심이 하늘을 찔렀다.

하지만 회사가 내리막길을 걸으면서 13인의 중역들은 할리데이비슨의 존재 이유에 대해 고민하기 시작했다. 회사의 존재 의미를 고민하면 그 회사의 미션이 생긴다. 그래서 생각해낸 것이 "우리 고객들에게 모터사이클을 통해서 꿈을 실현해주자. 그것이 우리가 할 일이다"라는 것이었다.

만약 그때 존재 이유를 "돈을 많이 벌어서 20년 후에는 각자 플로리다에 별장을 사자"라고 했으면 오늘날의 할리데이비슨은 존재하지 못했을지도 모른다. 하지만 그들은 "모터사이클로 우리

고객들의, 그리고 모터사이클을 좋아하는 사람들의 꿈을 실현해 주자"라는 것을 회사의 미션으로 삼았다. 먼저 회사의 철학을 정립하고, 그것을 공유한 것이다.

할리데이비슨이 이를 위해 세운 전략 중 하나가 4P+1P 전략이다.

- product : 품질
- price : 가격
- promotion : 이벤트를 통한 판촉
- place : 월드와이드 딜러숍
- people : 유명인을 활용한 마케팅

product _ 품질을 향상시킨 뒤 이런 광고를 했다. "당신이라면

할리데이비슨 광고
(Copyright_H-D)

저렇게 무지막지한 애들한테 고장 잘 나는 모터사이클을 팔 자신이 있나?" 자신들의 제품에 대한 자신감이 생겼다는 얘기다. 그리고 모터사이클이 그려진 큰 풍선을 띄워놓고 "이제는 더 이상 기름이 새지 않습니다"라고 광고했다.

price _ 당시 할리데이비슨은 시장에서 10만 대의 모터사이클이 필요할 때 7만 대만 공급했다. 항상 수요보다 공급을 적게 했다. 수요가 있다고 해서 무리해서 공급을 늘리지 않았기 때문에 중고 모터사이클이 새것보다 가격이 더 올라갈 때가 있었다. 그러곤 "할리데이비슨을 사는 것은 돈을 쓰는 것이 아니고 저금을 하는 것입니다"라며 저금통을 이용해 광고를 했다.

promotion _ 그리고 프로모션 활동으로 "저희들은 물건을 팔기 전보다 물건을 판 후에 돈을 더 쓰는 회사입니다"라는 점을 강조했다. 각종 이벤트를 열어 고객들의 욕구를 충족시키면서 입소문을 통해 마케팅을 펼치는 전략이었다. 대표적인 것이 '호그'다.

할리데이비슨은 얘기할 때면 항상 호그HOG, Harley-Davidson Owners Group라는 단어가 빠지지 않는다. 호그는 1983년에 할리데이비슨 모터사이클을 가진 사람들이 만든 동호회 이름이다. 전 세계 1,300여 개의 지부와 130만 명의 회원이 활동 중인데, 이들은 할리데이비슨의 철학과 열정을 공유하면서 브랜드 강화에 결정적인 역할을 했다. 회사도 이들의 자발적인 동호회 활동을 적극 지원하고 있다. 회사 경영진 역시 호그 멤버들이다. 호그라는 이름은

호그의 유래를 잘 보여주는 사진(Copyright_H-D)

1910년대에 모터사이클 레이싱 대회에서 우승하면 새끼돼지를 한 바퀴 태워준 뒤 우유를 한 번씩 주는 풍습에서 유래했다(새끼돼지를 '호그'라고 부른다). 호그들은 할리데이비슨이 재정적인 어려움을 겪을 때 모터사이클 투어링 행사인 호그랠리를 개최하는 등 열정적인 활동으로 회사를 살렸다.

place _ 할리데이비슨은 딜러 네트워크를 가장 충실히 가지고 있는 회사이다. 그런 만큼 할리데이비슨 딜러숍은 단지 물건을 사는 곳이 아니라 그곳에서 친구들과 이야기를 나누고, 모터사이클을 꾸미고, 바비큐 파티를 하는 장소 역할을 한다.

people _ 할리데이비슨은 사람을 굉장히 중요하게 생각한다. 그래서 아널드 슈워제네거 등 유명인사들을 마케팅에 활용했다.

이들이 할리데이비슨 모터사이클을 타기 시작하자 할리데이비슨의 부정적인 이미지가 개선되기 시작했다.

열정을 가지면 영혼이 풍요로워진다

미국에서는 모터사이클을 사람의 운송수단으로 여긴다. 1903년에 할리데이비슨은 말을 타던 사람들에게 모터사이클을 팔았다. 그러나 우리나라 사람들은 모터사이클을 화물 운송수단이라고 생각한다. 미국과 한국에서의 모터사이클에 대한 개념 자체가 다른 것이다. 서울 퇴계로에는 모터사이클 가게들이 밀집해 있다. 퇴계로는 일제 강점기 때부터 우마차를 고치던 곳으로 유명했다. 그곳이 변해 모터사이클 가게들이 자리를 잡은 것이다.

할리데이비슨코리아는 1999년, 퇴계로가 아닌 한남동에 오픈했다. 사람들은 내게 왜 퇴계로에 매장을 열지 않았느냐는 질문을 많이 했다. 나는 모터사이클을 화물 운송수단이 아니라 사람 운송수단이라는 글로벌 스탠더드를 그대로 도입했으며, 말 타고 달리던 미국 문화를 판다는 관점이 중요하다고 판단했기 때문이다. 당시는 외환위기가 한창이던 시절이었으니 3,000만 원짜리 모터사이클을 팔겠다고 나선 나를 보고 다들 미쳤다고 한마디씩 했다. 하지만 이런 상황 속에서도 글로벌 스탠더드를 원하는 고객들이 있다는 것을 알고 투자를 감행했다.

할리데이비슨은 절대로 통학용 혹은 물건을 배달하기 위해 사

용인에 있는 할리데이비슨코리아 본사 사옥

는 것이 아니다. 할리데이비슨을 사는 것은 놀이동산의 티켓을 사는 것과 마찬가지다. 할리데이비슨에는 열 가지 즐거움이 있다. 오토바이를 타고, 사람들을 만나서 놀고, 고르는 재미 등등 열 가지의 즐거움이 있다.

할리데이비슨코리아의 성공적인 안착을 위해, 모터사이클 할리데이비슨은 더 이상 물건을 실어 나르는 그런 상업용이 아니라 가족들과 즐길 수 있는, 하나의 성공한 사람들의 장난감이라는 점을 강조했다. 즐길 수 있는 레저 문화의 하나라고 프로모션을 한 것이다. 그리고 2007년에는 할리데이비슨코리아가 할리데이비슨 《연례 보고서Annual Report》 표지에 대한민국 국기를 휘날리며 모델로 등장했다. 할리데이비슨코리아가 인터내셔널 마켓에서 성공한 사례로 언급된 것이다.

2009년 4월에는 경부고속도로에 인접한 용인 신갈지구에 본사를 신축했다. 모터사이클 투어의 허브로 할리데이비슨 고객들의 새로운 '아지트'가 되겠다는 생각에서였다.

언젠가부터 막연히 꼭 해보고 싶었던 하나, 언제 할 수 있을지 막연했던 그것을, 드디어 아 이런 거였구나…… 알게 된 듯, 물론 아직 멀었지만. 사람들이 할리를 찾는 이유가 뭔지 스스로가 원해서 스스로 해보지 않으면 알 수 없을 것 같다. 말로 설명하기가 참 힘들다. 파이팅!

할리데이비슨코리아 재경부 여직원이 회사 싸이에 올린 글이다. 결코 조작된 내용이 아니다. 회사에 입사한 지 3년 만에 모터사이클 운전면허를 따서 처음으로 모터사이클을 타고 직원들과 청평을 다녀온 다음 날 밤에 올린 글이다. 이런 직원이 있다면 어

호그 코리아 랠리 그랜드 투어

떤 마니아 계층의 고객들이 오더라도 같이 즐길 수 있겠구나라는 생각에 더욱 흥겨워진다.

젊은이들은 무엇보다도 열정passion이 있어야 한다. ‘passion’이라는 단어는 지금은 로맨틱한 의미로 받아들여지지만, 이 단어의 본래 의미는 ‘고통’이다. 열정을 쏟으려면 진정으로 자기가 원하는 것이 있어야 한다. 그리고 그것을 위해 자신의 목숨을 바쳐도 아깝지 않을 정도로 좋아해야 한다. 그렇게 열정을 쏟으면 성공의 여부와 관계없이 자신의 영혼이 굉장히 풍요로워진다. 또한 그런 열정으로 꿈을 추구하다보면 아무리 어려운 역경이 오더라도 꿋꿋하게 이겨낼 수 있다.

할리데이비슨이 105년간의 역경을 이겨내고 이때까지 살아온 원동력 역시 바로 열정에 있다. 그리고 할리데이비슨은 그 열정으로 앞으로 100년은 더 갈 것이라고 생각한다.

| 이계웅의 경영철학 |

진정한 리더는 명령과 지시로 군림하는 자가 아니라, 적절한 권한 부여를 통한 수평적·민주적 의사결정 구조를 만들고 부서 간·상하 간 소통을 원활하게 하는 사람이다.

최상의 지도자는 아랫사람들이 그가 있다는 것 정도만 아는 자이고,
그다음 가는 지도자는 아랫사람이 가까이 여기고 받들어 존대하고,
그다음 가는 지도자는 아랫사람이 두려워하는 자이고,
그다음 가는 지도자는 아랫사람이 경멸하는 자이다.

- 노자의 《도덕경》 제17장

CEO 생생토크

1_ 이계웅 대표님께서는 경제적 논리보다는 감성 마케팅을 강조하셨는데, 감성 마케팅을 하기 위해서는 상호 간의 커뮤니케이션이 중요하다고 생각합니다. 즉 인간관계가 중요하다고 생각하는데, 이계웅 대표님께서는 인간관계에 있어서 무엇이 가장 중요하다고 생각하시나요?

인간관계에서 무엇이 중요하다고 말씀드리기는 좀 곤란하군요. 사실 저는 제가 원하는 것을 그대로 드러내는 편입니다. 뭐 그렇다고 남한테 거리낌 없이 드러낼 수 있는 용기가 있어서라기보다 스스로 원하는 것을 정확하게 알고 있고 그 소신대로 그냥 살아갈 뿐입니다. 그것이 제 인간관계의 기본입니다.

고객과 커뮤니케이션하기 위해서 우리 회사는 감성 마케팅을 펼칩니다. 우리 회사는 제품을 통한 고객과의 만남을 위해 항상 고객과 함께하는 이벤트에 참가합니다. 일례로 호그랠리가 열리면 항상 쫓아가서 모든 고객이 타는 모터사이클을 하나하나 살펴봐 드립니다. 타이어에 바람은 안 빠졌는지, 페인트는 잘 칠해져 있는지, 엔진 소리는 괜찮은지 등을 통해서 고객과 교감을 합니다. 그런 랠리가 있을 때에는 전 직원이 회사 문을 닫고 현장에서 고객과 만납니다. 물건을 팔기 전에 돈을 쓰는 것보다는 물건을 팔고

난 다음에 그 고객과의 관계를 유지하는 것을 더 중요하게 생각하기 때문입니다. 그것이 우리 회사가 구현하는 감성적인 고객 접근법의 하나입니다.

2_ 고등학교 때 저희 집 근처에 할리데이비슨의 커스터머 개러지 customer garage가 있었습니다. 그래서 아저씨들이 가죽 점퍼를 입고 징 박힌 바지를 입고서 할리데이비슨의 엔진을 부릉부릉하는 것을 보고 들으며 자랐습니다. 언젠가 한번 할리데이비슨 사이트에 들어가서 얼마면 살 수 있을까 살펴봤는데, 대학생이 구입하기에는 가격이 너무 비싸다는 현실에 직면했습니다. 저처럼 경제적인 능력이 안 돼 그러한 꿈을 접어야 하는 사람들에게 해주고 싶은 말씀이 있으시다면 한 말씀 부탁드립니다.

어떤 상황에 처하더라도 꿈을 계속 가져야 합니다. 저는 레이싱을 좋아해서 고등학교 때 모터 쿠르즈 시합에 나가고 싶었지만 오토바이가 없었습니다. 얼마나 간절히 원했던지 잘 때마다 모터사이클을 타는 꿈을 꿨습니다. 특히 시합에서 우승하는 꿈을. 여학생들 앞에서 앞바퀴를 들고 윌리하는 꿈도 많이 꿨습니다. 당시에는 여자고등학교 하교 시간에 오토바이 탄 사람들이 가서 윌리를 하면 정말 인기 짱이었습니다.

꿈을 가지면 그 꿈을 감당할 수 있을 때가 반드시 올 겁니다. 농담이 아닙니다. 저는 스포츠카를 타고 싶으면 스포츠카를 꿈에 그리고 마음속에 꼭 넣어둡니다. 그러면 언젠가는 그걸 탈 수 있습니다. 지금 대학생이 3,000만 원짜리 모터사이클을 어떻게 탑니까? 그러나 꿈을 가지고 있으면 언젠가는 타실 겁니다. 그렇다고 지금 돈도 없는 분한테, 제가 모터사이클을 공짜로 드리는 것은 자본주의 사회에서는 절대로 어울리지 않는 얘기입니다.

꿈을 가지십시오. 그러면 틀림없이 모터사이클을 탈 수 있는, 살 수 있는 경제적 능력을 가진 성공한 사람이 될 것입니다. 물론 모터사이클을 탄다고 해서 반드시 성공한다는 얘기는 아닙니다. 꿈을 가지고 그걸 추구하다보면 다른 면에서도 분명 성공할 수 있을 겁니다.

3_ 할리데이비슨코리아를 세웠을 때 어려움이 많으셨을 텐데 그 어려움을 어떻게 헤쳐나갔는지 궁금합니다. 그리고 단순한 열정으로 회사를 세웠다고 하셨는데, 밥을 먹고살기 위해 어떤 일을 하는 것과 그 일을 하기 위해서 밥을 굶는 것은 다르다고 들었습니다. 대표님께서는 어떤 마음으로 이 일에 뛰어드셨나요?

무조건 열정만 가지고 그냥 덤비는 것은 주책일 수도 있고 객기일 수도 있습니다. 열정이 기본이 된다는 얘기지, 계산이 없었다는 얘기가 아닙니다. 제가 할리데이비슨코리아를 설립할 무렵 1998년 일본에서는 8,000대 정도의 할리데이비슨이 팔리고 있었는데 한국에서는 거의 안 팔렸습니다. 당시 한국과 일본의 경제적 규모의 차이는 13대 1이었고, 인구의 차이는 2.2대 1, 소비재의 차이는 3대 1, 위스키 소비량의 차이는 2대 1이었습니다. 그런데 배

기량이 큰 대형heavyweight 모터사이클의 차이는 40대 1이나 되었습니다. 저는 거기서 가능성을 엿보았습니다. 그리고 아주 치밀한 사업 계획을 짰습니다.

사업은 치밀한 계획 없이 열정 하나만으로 할 수 있는 것이 결코 아닙니다. 또한 그 바탕에는 모든 것과 바꿀 수 있는 열정이 있어야 합니다. 특히 자금 계획과 판매 계획 등에 있어 치밀한 계획을 짜야 합니다. 가장 똑똑한 행동은 위험이 안 오게 만드는 것입니다. 위험이 닥쳤을 때 헤쳐나가려고 애쓰는 것은 바보짓입니다.

할리데이비슨코리아가 위험을 이겨내는 방법은 딱 한 가지입니다. 우리 회사에는 철학이 있고 직원들은 모두 그 철학에 동의합니다. 이런 사람들이 있기에 어떤 역경이 오더라도 이겨낼 수 있을 거라고 생각합니다.

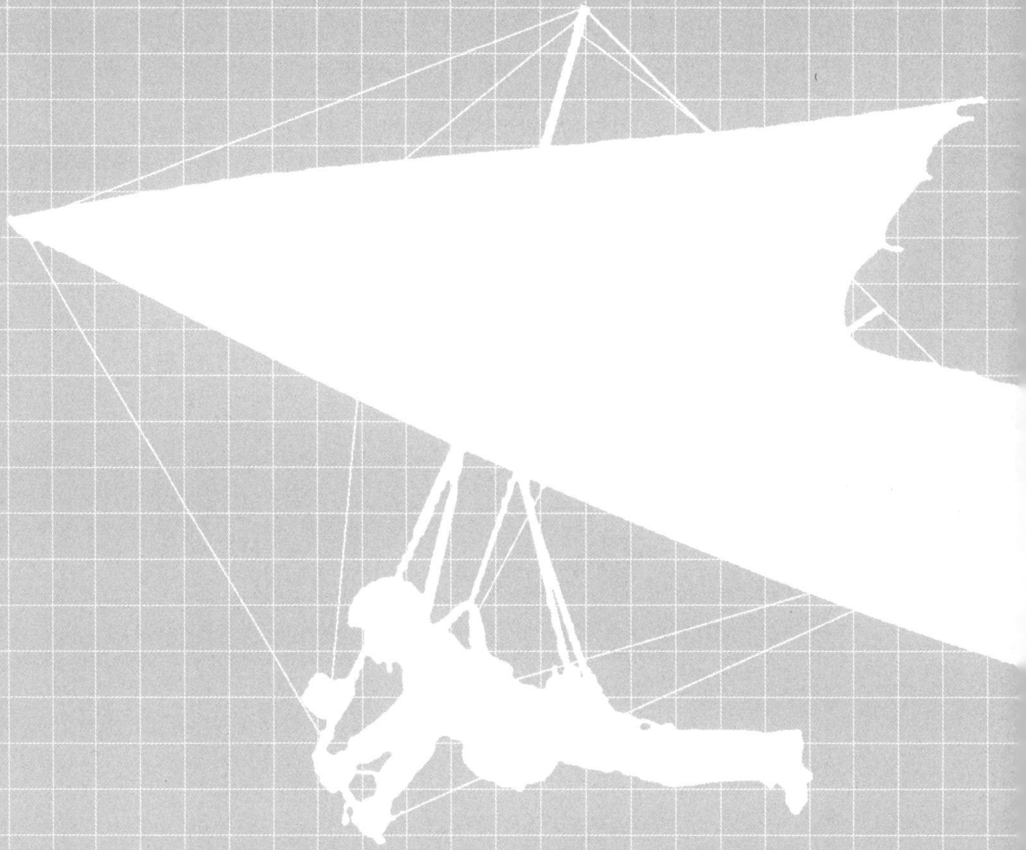

PART · 2

열정적으로 실천하라

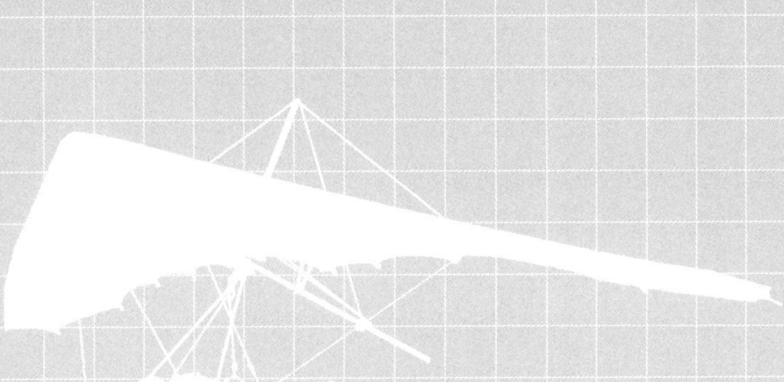

내 안의 상자를 부숴라

글로벌 플레이어의 조건

김동수 듀폰코리아 회장

1987 듀폰 이산화티타늄 프로젝트 매니저

1990 듀폰 뉴존슨빌 공장 공장장

1992 듀폰 울산공장 공장장

1993 듀폰 아·태지역 자동차사업 총책임자

1996 듀폰 전 세계 불소 생산담당 총책임자

1997 듀폰 전 세계 부직포 사업부 총책임자 겸 본사 부사장

1998 듀폰 본사 부사장 겸 아·태 사장 및 듀폰코리아 회장

아시아인 최초로 아시아 · 태평양 14개국 경영

206년 전통의 세계적인 화학 기업 듀폰의 아시아·태평양 CEO 김동수. 1987년 듀폰 한국지사에 입사한 이후 3년 만에 미국 듀폰 뉴존슨빌 공장장이 됐고, 1997년에는 대기업 계열사 사장 격인 '부직포 사업부' 부사장으로 승진했다. 그리고 1998년에는 아시아인으로서는 최초로 아시아·태평양 14개국을 경영하는 듀폰 아·태 지역 사장이 되었다. 글로벌 CEO 김동수의 거침없는 성공의 비결은 바로 'Break the box', 즉 자신의 한계를 뛰어넘는 도전에 있었다.

글로벌 스탠더드와 도전정신

글로벌 시대에 경쟁력 있는 인재로 살아가기 위해선 무엇보다 글로벌 스탠더드에 대한 이해가 필요하다는 것이 글로벌 CEO 김동수의 지론이다. 현재의 글로벌 스탠더드는 과거의 획일화된 형태와는 달리 다양성을 존중하는 것이 핵심요소이다. 김동수 회장이 말하는 글로벌 스탠더드를 위한 네 가지 조건(윤리, 안전, 인간존중, 환경)과 도전정신을 들어보자.

김동수 200년 전통의 글로벌 화학 기업에서 아시아인 최초로 아시아·태평양 사장 자리에 오른 글로벌 CEO 김동수. 14개국, 만여 명의 직원을 리드하는 바쁜 생활 속에서도 김동수 회장이 빼놓지 않는 것이 있다. 바로 직원들과 함께하는 자기계발 시간이다. 그가 겪은 40년의 경험을 후배들과 공유하며 서로 자극을 주고받을 수 있는 소중한 시간이기 때문이다.

글로벌 기업에서 느꼈던 서양인에 대한 콤플렉스, 엔지니어에서 세일즈맨으로 자신의 영역을 넓혀가는 과정 등 그의 40년은 자신을 가두고 있는 틀을 깨뜨리는 도전의 연속이었다. 다가올 미래의 변화를 남보다 먼저 준비한 것이 오늘의 그를 만들었듯이, 젊은이들도 자기 속의 상자를 부수고 보다 진취적으로 도전하라고 말한다. 40년 동안 한 우물만 판 그에게서 글로벌 인재의 조건과 도전 정신이 무엇인지, 생생한 현장 이야기를 들어보자.

현 사회를, 특히 요즘 젊은이들을 보면 다음 네 가지를 느낀다.

첫째는 참 풍요로운 사회다. 내가 젊었을 때에 비해서 너무나 풍요롭다. 신혼 초 나는 집사람에게 "당신은 참 시집 잘 왔어. 왜냐하면 우리 집은 연탄을 안 때잖아?"라고 말했다. 당시 우리는 다가구 주택에 살았기 때문에 연탄을 때지 않았다. 그게 무슨 큰 자랑이나 된 듯했다. 학창 시절에는 도시락에 달걀 프라이 하나 얹어오면 정말 행복했다. 물론 요즘 젊은이들도 나름대로 어렵게 살고 있지만, 나의 젊은 시절에 비하면 엄청나게 풍요로운 사회에 살고 있는 것은 사실이다.

둘째는 양극화 사회다. 굉장히 잘사는 사람들이 있는가 하면 굉장히 어려운 사람들도 있다. 이것은 비단 우리나라만의 문제가 아니다. 전 세계가 양극화 시대로 변하고 있다. 과거에는 다 같이 노동을 하고 살던 시절이라 센 사람하고 약한 사람하고 차이가 그다지 크지 않았다. 그러나 이제는 잘하는 사람은 못하는 사람보다 천 배, 만 배 잘할 수가 있다. 그래서 유능한 CEO 한 명이 수천 명을 먹여 살린다는 얘기가 나온다. 이러한 양극화 시대에는 잘하는 쪽으로 가기 위해 열심히 노력해야 한다. 그 차이가 엄청나게 크기도 하지만 노력을 하면 이룰 수 있기 때문이다.

셋째는 복잡한 사회다. 우리 때는 선생님이 하라는 대로, 군대 가서는 상사가 하라는 대로, 그다음에 입사한 뒤에는 회사에서 가르치는 대로, 정치하는 사람들은 대통령이 하라는 대로 하면 됐던 사회였다. 그러나 이제는 굉장히 사회가 복잡해졌다. 다들 아는 것도 많아졌다. 예전처럼 누가 시키는 대로 하지 않는다는 얘기다. 그렇다고 행복한 사회라 보기도 어렵다. 그런데 나는 누구나 '행복해지려고 마음먹으면 스스로가 나를 행복하게 만들 수 있다'라고 생각한다.

넷째는 가능성이 많은 사회다. 큰 꿈을 가질 수 있는 그런 사회다. 과거에는 상상도 할 수 없었던 위치에 있는 선배들이(나 역시 젊은이들의 수많은 선배들 가운데 하나다) 많아졌기 때문에 후배들이 장래를 위해서 엄청나게 큰 꿈을 꾸고, 거기에 대해 준비하는 걸 도와줄 수 있다.

세상을 바꾸려고 노력하다

내가 듀폰에 근무한다고 하면 많은 사람들이 만년필이나 넥타이나 뭐 그런 걸 만드는 하이브랜드 회사인 에스티 듀퐁St. Dupont 이라 착각해 “야, 참 멋있는 데서 일하니깐 정말 좋으시겠다”라는 얘기를 한다. 그런데 내가 몸담고 있는 곳은 아쉽게도 그 듀퐁이 아니라 화학회사 듀폰이다.

듀폰은 206년의 역사를 지닌 회사인데, 세계에서 가장 오래된 화학회사이다. 그리고 내가 보기에는 세계에서 가장 훌륭하고 존경받는 회사 가운데 하나다. 듀폰은 1802년에 프랑스의 이레네 뒤퐁 드 느무르라는 사람이 미국으로 이민 와서 세운 회사다. 첫 100년 동안은 화약만 만들었다. 화약을 만들어 서부를 개척하고, 1차 세계대전과 남북전쟁을 거치면서 나름대로 독점기업을 운영해 돈을 많이 벌었다. 그런데 이 회사를 설립한 사람들은 화약만으로는 앞으로 큰 회사로 성장할 수 없다고 판단해 1900년에 들어오면서 화학회사로 변신한다.

그래서 1903년 엑스페리먼털 스테이션Experimental Station이라는 큰 연구소를 세워서 많은 투자를 해 새로운 물질들을 발명한다. 발명을 한 다음에 상업화할 계획이었다.

좋은 물건들을 발명하면 상업화를 쉽게 할 수 있을 것 같지만 실제로는 전혀 그렇지 않다. 듀폰이 발명한 것 중의 하나가 나일론이라고 부르는 폴리머polymer인데, 이 폴리머로 나일론사를 만들고 엔지니어링 플라스틱의 원료로도 사용한다. 그런데 그렇게 되기까지 엄청난 투자가 필요했다. 그리고 이러한 과정에서 수많은 리스크도 감수해야 했다.

사실 나일론사는 우연히 만들어졌다. 그전에는 면이나 마 등 천

연재료를 사용해서 물건을 만들었는데 처음으로 나일론사가 등장하자 그걸 어디다 쓰느냐가 문제였다. 그리고 나름대로 적절한 용도를 찾더라도 얼마만한 공장을 지어서 누구한테 어떻게 마케팅을 해서 돈을 버느냐 하는 것은 또 다른 문제였다.

그런데 듀폰은 당시 2개의 세계적인 공장을 지어 나일론사를 세상에 공급함으로써 세상을 바꿔놨다. 이후 일본의 아사히카세이는 나일론 테크놀로지를 사들여 엄청난 규모로 성장했다. 듀폰은 나름대로 여러 가지 파이버fiber를 만들어 현재 세계적인 화학회사로 성장했다.

그 외에 셀로판cellophane, 프레온freon, 네오프렌neoprene, 테플론teflon 등이 듀폰이 만든 제품들이다. 테플론은 프라이팬 코팅 재료로도 쓰이는데 그게 건강에 좋으냐 나쁘냐 말이 많다. 사실 건강에 안 나쁜데 사람들이 괜한 오해를 해서 회사를 경영하는 데 많은 어려움이 있다. 비단 우리 회사뿐만 아닐 것이다. 회사를 운영하다보면, 특히 정확하지 않은 데이터로 사람들이 이상한 스토리를 만들 때 가장 어려움을 겪는다.

요새는 옥수수로 만든 폴리머의 일종인 소로나sorona를 만든다. 그걸로 카펫도 만들고 옷도 만든다. 앞으로는 사람들이 콩으로 만든 옷을 입고 다닐 것이다. 그것 때문에 요새 옥수수 값이 올라가는 추세여서, 우리 회사는 옥수수의 잎이나 줄기로 이를 대체하고자 하는 노력을 기울이고 있다. 가급적이면 새로운 기술로 세상을 바꾸려는 노력의 일환이다.

다가올 100년에 대한 그림을 그려라

1997년에 듀폰 부사장이 됐을 때의 일이다. 나는 그때 듀폰의 한 계열사 사장직을 맡고 있었다. 약 50명 정도의 임원이 1년에 네 번 모여 전략 회의를 하는데, 1998년 1월 첫 전략 회의에서 회장이 두 개의 피크를 가진 그림을 가지고 와서 "이것이 우리의 지난 200년 스토리인데, 우리가 앞으로 다가올 100년에 대한 그림을 한번 그려보자"라고 얘기했다.

당시는 외환위기로 한창 고생할 때였다. 우리 한국 기업들은 바로 다음 달을 어떻게 견디느냐, 다음 해를 어떻게 견디느냐가 문제였는데 이 사람은 앞으로 100년을 같이 설계하자는 것이었다.

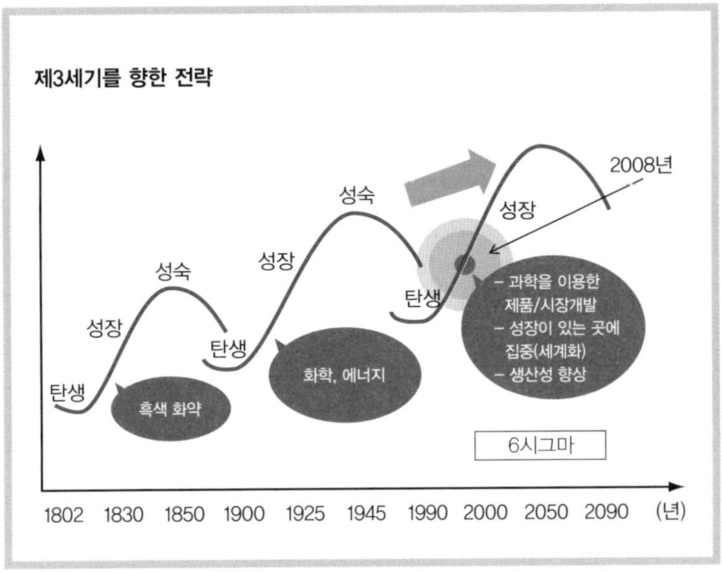

100년을 설계하려면 그동안 해왔던 화학산업에서 화학물질만을 개발해서는 성장할 수 없으니 변신해야 한다고 말했다. 왜냐하면 1970년대, 1980년대만 해도 화학의 GDP가 GDP 평균의 3~4배였다. 다시 말해서 빨리 성장하는 산업이었는데, 1990년이 지나면서 GDP하고 겨우 비슷한 성장밖에 안 되었으니 평균밖에 안 되는 화학산업으로는 회사가 성장할 수 없다, 즉 변신하지 않으면 죽는다는 얘기였다.

그래서 당시 그 자리에 모인 사람들이 머리를 맞대어 그린 그림이 앞 페이지 그림의 맨 오른쪽 피크 부분이다.

첫째, "Put science to work." 과학 쪽을 더 폭넓게 개발하자. 이제는 화학을 떠나서 물리와 생물학을 이용해 보다 더 큰 넓은 분야에 대한 연구를 하자는 얘기였다.

둘째, "Go where the growth is." 미국 기업으로서는 이제 한계가 있다. 끝에 왔으니 이제는 성장하는 지역으로 가자는 뜻이었다. 그래서 인도, 중국, 러시아, 동유럽 등지로 새롭게 진출했다.

셋째, "Power of one Dupont." 생산성을 높이자. 미국은 매 분기 월스트리트에다가 얼마만큼 지난 분기에 잘했는지 보고를 하게 돼 있다. 그런데 그 보고를 할 때 한 분기라도 그 사람들의 기대치를 맞추지 못하면 주가가 10퍼센트, 20퍼센트씩 뚝 떨어진다. 그러면 CEO가 그 다음 날로 해고다. 또 그 밑에서 나름대로 계열사를 책임지는 사람이 해마다 분기마다 그리고 월마다 그 목표를 맞추지 못하면 그 사람 역시 물러나야 한다. 그만큼 주가의 등락에 대해서 미국의 CEO들은 민감하다. 미국 기업은 이런 와중에도 주주

포트폴리오 변화 내역

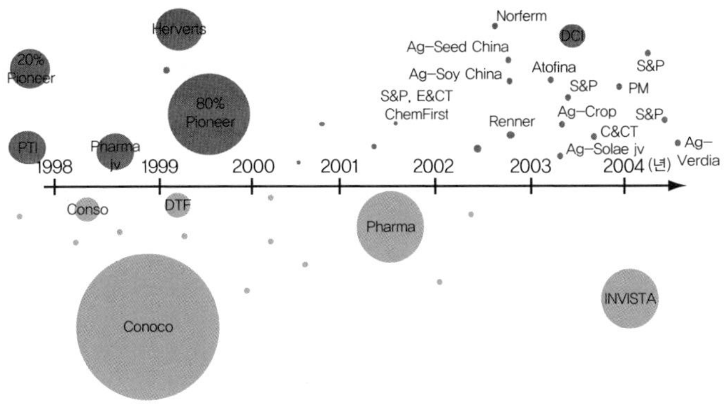

600억 달러에 이르는 전략적 거래(1998~2004년)

에게 적절한 이익을 배분해야 한다는 부담을 갖고 있다. 한국 기업들은 그 정도로 압박감을 느끼고 회사를 경영하지는 않는다.

당시 그 얘기가 있고 나서, 나는 앞으로 100년을 설계했으니까 한 20년에 걸쳐서 나름대로 그런 변화를 가져오겠지라고 생각했는데, 불과 5년 사이에 듀폰의 가치는 우리 돈 60조 원에 해당할 만큼 성장했다. 그중에서 약 30조 원에 해당되는 비즈니스를 사들이고, 그리고 30조 원에 해당되는 비즈니스를 팔았다. 그러니깐 회사의 절반이 바뀐 것이다. 앞으로 크게 성장할 가능성이 없는 비즈니스는 팔고, 현재로서는 값어치가 그다지 크지 않지만 성장할 수 있는 비즈니스를 사들였다.

새로운 비즈니스를 살 때는 성공할 확률이 70퍼센트 정도밖에 안 된다. 그러니까 엄청난 위험을 감수하는 것이다. 그래서 회장에게 왜 그런 위험을 감수하려고 하느냐고 물었더니 이런 대답이 돌아왔다. "이제는 변화 안 하면 죽는다. 변화를 하면 살 수 있는 확률이 70퍼센트가 있는데 왜 변화를 안 하느냐." 한 시간 동안 회장에게 강의를 들었는데, 가슴이 철렁 내려앉았다. '아, 이런 환경에서 우리가 살아야 하는구나.'

지난 1년 사이에 유황 값이 5배 올랐고, 휘발유 값이 2배 올랐다. 그리고 시멘트 값이 70~80퍼센트 올랐고, 모든 곡물 값이 몇 배씩 올랐다. 앞으로 어떻게 될지 모른다. 그래서 듀폰에서는 지금 현재를 엑스피어리어드ex-period라고 부른다. '도대체 알 수 없는 시대'란 의미다. 우리는 지금 엑스피어리어드를 살고 있다. 나 같은 기업인한테는 엑스피어리어드가 어느 정도 한정돼 있지만 젊은이들은 앞으로 50년, 60년, 70년을 더 살아가야 한다. 왜냐하면 그만큼 세계가 빨리 변하기 때문이다. 따라서 석유 값이 200달러가 됐건 다시 60달러가 됐건 간에 그것을 부담 없이 살 수 있는 그런 능력을 키워야 한다.

글로벌 스탠더드를 알아야 한다

그만큼 무서운 미래를 살아야 한단 얘기다. 그렇지만 너무 두려워할 필요는 없다. 잘만 하면 아주 기가 막히게 좋고 화려한 미래를 맛볼 수 있다. 그러기 위해서는 다음과 같은 준비가 필요하다.

첫째, 우리는 지금 글로벌 시대에 살고 있다. 좋건 싫건 간에. 따라서 우리의 경쟁자는 전 세계 어디에나 있다. 설사 설렁탕 가게를 운영하고 있더라도 글로벌 경쟁자들하고 경쟁을 하는 것이다. 맥도널드, TGI와 같은 경쟁자를 이겨야만 설렁탕 장사를 잘할 수 있다. 구멍가게를 하나 해도 세븐일레븐하고 경쟁을 해야 된다. 우리가 뭘 하든지 간에 우리의 경쟁자는 글로벌 시티즌이라는 사실을 잊어서는 안 된다.

둘째, 이런 사람들하고 경쟁하려면 어떻게 해야 할까? 우선 글로벌 스탠더드를 확실히 알아야 한다. 과거에는 미국 스탠더드를 글로벌 스탠더드라고 배웠다. 그런데 지금은 다르다. 듀폰에서는 글로벌 스탠더드를 얘기할 때 "중국에 가면 어떻게 해, 인도에 가면 어떻게 해, 소련에 가면 어떻게 해?" 그런 걸 배운다. 다시 말해서 이제는 하나의 글로벌 스탠더드라는 게 없어졌다. 따라서 오늘날의 글로벌 스탠더드는 다양성을 존중할 수 있는 것을 말한다.

옛날에는 A, B, C 셋 중의 하나가 정답이었다면 지금은 답이 하나도 없을 수도 있고, 세 개가 다 정답일 수도 있다. 내가 어떤 사람하고 얘기를 하고 있는데, 저 사람하고 나하고 의견이 다르다면 나는 당연히 내가 옳은 줄 안다. 그렇기 때문에 자연히 상대방은 틀린 게 된다. 그런데 요즘은 그렇지 않다. 너하고 나하고 의견이 다르지만 너도 옳고 나도 옳을 수 있다. 왜냐하면 견해에 따라서 정답이 두 개가 될 수도 있고 세 개가 될 수도 있고 열 개가 될 수도 있고 하나도 없을 수도 있기 때문이다. 이제는 다양성을 존중하고 그것을 받아들일 수 있는 마음 자세를 갖고 있어야 한다.

그런데 전 세계 어디에서나 통용되는 네 가지가 있다. 윤리, 안

전, 환경, 인간존중이다. 이 네 가지가 글로벌 시티즌으로서 성공하는 데 가장 중요한 것들이다. 아주 쉬운 것처럼 보인다. 하지만 이 네 가지가 선진국과 후진국을 나눠놓는다. 이 네 가지를 잘 지키면 우리가 4만 달러를 벌건 2만 달러를 벌건 경제적으로 풍요로울 수 있다. 다들 한국은 잘사는 나라구나라는 인식을 갖게 된다.

윤리에는 여러 가지 예절도 있지만 법도 있다. 법을 무서워하지 않고 윤리를 존중하지 않으면 우리는 계속 후진국으로 남을 수밖에 없다. 우리나라도 예전에 비해 윤리 기준이 굉장히 좋아졌다. 1960년대의 윤리 기준을 지금과 비교하면 비교도 안 된다. 그리고 지난 10년 사이에도 우리는 엄청나게 변했다.

이제는 선거 때도 후보자의 윤리가 당락을 결정하기도 한다. 1960년대에 교육받은 사람들이 현재의 윤리 기준에서 평가를 받는다는 게 보통 어려운 일이 아니다. 하지만 사회는 현 기준에서 현 윤리 기준에 맞는 사람들을 원하고 있다. 기업들도 이런 윤리 기준에서 자유롭지 못하다. 회사가 하루아침에 흥하고 망하기도 한다.

월드컴Worldcom이나 엔론Enron 같은 거대 기업들이 하루아침에 망했다. 윤리 때문에. CFO와 CEO가 회계부정을 한 게 원인이었다. 자기네들이 주가를 올리기 위해서 장난을 한 것이다. 큰 장난도 아니다. 조그만 장난을 한 것이다. 미국은 법이라는 게 굉장히 무서운 나라다. 후진국으로 갈수록 그런 것에 대한 사람들의 윤리의식이 떨어진다.

듀폰도 윤리 기준이 상당히 철저하다. 물론 듀폰만 그런 게 아니라 일반적으로 다국적 기업들은 다 철저하다. 회사의 이익을 위해서 법을 어기면 그 사람은 그날로 회사를 그만두고 나가야 한다.

대만에서 있었던 사례다. 공장을 운영하다가 폐수가 정해진 구역 밖으로 나가게 되었다. 그러면 나라의 법도 그렇고 회사의 규정도 그렇고 공장 가동을 멈추게 돼 있다. 화학공장은 한 번 껐다가 켜면 수억에서 많게는 수십억 원의 돈이 든다. 그런데 공장장이 보기에 오차 범위 내에서 그 규정을 왔다 갔다 하고 있으니까 한 시간 정도 규정을 어겼다. 그렇게 함으로써 회사는 수십억 원의 비용을 줄일 수 있었다. 어떻게 보면 "야, 저 사람 할 만한 짓 했네"라고 얘기할 수도 있다. 하지만 그 사실을 일주일 후에 알고는 그 사람을 그날로 내보냈다.

이것이 글로벌 스탠더드다. 윤리 기준을 확실하게 알아야 글로벌 시티즌으로 성공할 수 있다. 윤리 기준을 적당히 알아서는 이제는 살 수 없는 그런 시대가 왔다. 이제는 확실한 윤리 기준하에서 윤리 기준을 철저히 따라야지 그렇지 않으면 수십 년 동안 쌓아온 커리어가 하루아침에 날아갈 수도 있다.

글로벌 시티즌이 되려면

최근 들어 상하이에 50층, 100층짜리 건물들이 막 올라서고 있다. 길도 엄청나게 넓어졌고, 멋진 호텔들도 많이 들어서고 있다. 그런데 아직도 상하이를 선진 도시라고 보지는 않는다. 상하이 사람들은 여전히 교통신호를 무시하고 신호등을 무시하고 거리를

교차로에 차가 뒤엉킨 상하이(좌)와 서울(우) 거리

활보하기 때문이다. 그래서 "중국은 아직도 멀었구나"라는 이야기를 한다.

그럼 서울은 어떨까? 서울 역시 교통 상황을 보면 그다지 다르지 않다. 여전히 차들이 교차로에서 꼬리물기를 한다. 선진국 중에서 이런 행동을 하는 곳은 찾아보기 힘들다. 일본에서 이런 모습을 보려고 동경 시내에서 10시간 동안 서 있었는데 한 번도 보지 못했다. 그게 일본하고 한국하고의 차이인 것 같다.

한 10년 전에 일본에 가서 7년 정도 근무를 했는데 처음 일본에 갔을 때는 '한국이 이제 일본을 따라잡았구나' 이렇게 생각했다. 표면적으로 볼 때 우리가 일본보다 못한 게 없었다. 회사 직원들만 봐도 일본 직원보다 한국 직원이 더 잘산다. 그런데 한 3년 살고 나서 보니 '아이구, 이게 아니구나. 하드웨어 문제가 아니라 소프트웨어에 문제가 있구나'라는 걸 절감했다.

이번에는 안전 의식을 강조하는 사진이다. 다음 페이지 두 사진 중 아래쪽 사진에는 아이가 없다. 앞좌석에 앉은 사람은 안전벨트를 맸는데 뒤에 탄 아이는 안전벨트를 안 매 충돌사고가 생겼을 때 아이가 앞유리창을 뚫고 어디론가 날아간 것이다.

뒷좌석 안전벨트 착용은 필수

뒷좌석에서도 안전벨트를 매는 사람은 찾아보기 힘들다. 법적으로 뒷좌석은 안전벨트 규제를 안 하기 때문인 듯하다. 그러나 과학적으로 보면 앞에 있는 사람이나 뒤에 있는 사람이나 다칠 확률은 동일하다. 우리가 생명의 존엄성을 제대로 본다면 뒷좌석에서도 꼭 안전벨트를 매야 한다.

손가락 하나만 다쳐도 얼마나 불편한데, 교통사고가 나서 다리 하나가 없어졌다고 생각해보자. 본인의 인생은 물론 가족의 인생까지 바뀐다. 선진국 사람들은 어린아이 때부터 안전교육을 시킨다. 그렇기 때문에 이들은 자연스럽게 안전 수칙을 잘 지킨다.

반면 우리는 그런 교육을 제대로 못 받았다. 우리는 택시운전사들한테 운전교육을 받는다. 택시운전사들이 삭삭 빠져나가면, 그게 운전 잘하는 줄 알고 흉내를 낸다. 결국 규정을 잘 지키는 사람만 손해를 본다. 그런 사회는 개발도상국이라는 말을 들을 수밖에 없다.

생명존중에 대한 또 다른 사진이다. 다음 페이지 사진을 보자. 계단에 "안전을 위하여 손잡이를 사용합시다"라는 글이 붙어 있

안전
& 건강

생명을 중시하는 습관

다. 계단에 손잡이가 왜 있을까? 손잡이는 계단을 오르내릴 때 잡으라고 만들어놓은 것이다. 계단 손잡이 만드는 데 전 세계에서 해마다 수십억 달러의 돈이 들어간다. 계단에 손잡이를 만드는 이유는 계단을 오르내리는 게 굉장히 위험하기 때문이다. 계단에서 굴러 죽는 사람이 1년에 수백 명씩이나 된다. 그러한 과학적인 이유가 있기 때문에 손잡이를 잡으란 것이다. 손잡이를 잡으면 떨어져 죽을 확률은 거의 없다. 그만큼 큰 차이가 있다.

생명을 진심으로 존중하는 사회에서는 그런 세세한 데까지 안전에 신경을 쓴다는 얘기다. 손잡이를 잡으면 평균 열흘을 더 산다는 통계가 있다. 열흘 더 사는 데 그치지 않는다. 건강하게 더 살 수 있다. 그러므로 항상 생명을 중요시하는 습관이 꼭 필요하다.

또 다른 사진은 인간존중을 얘기하는 사진이다. 우리가 상대방을 존중할 때 그 사회는 생산적인 사회가 된다. 우리 회사에서 4시

인간존중 의식 강화

간 동안 성희롱에 대한 교육을 받은 적이 있다. "여자의 외모에 대해 얘기하지 마라. 이쁘다는 말도, 밉단 말도, 뚱뚱하단 말도, 날씬하단 말도 하지 마라"고 배웠다. "여자의 신체 어디도 손대지 마라. 아무리 가깝고 허물없는 사이라도 손대지 마라. 왜냐하면 그 행동으로 인해 상대의 기분이 좋을 수도 있지만 나쁠 수도 있으니까. 그리고 오늘 그 사람이 기분 좋았다손 치더라도, 1년 후에 기분 나쁘면 그 사람이 성희롱으로 제소할 수 있기 때문이다."

회사에서 교육을 받을 때 그건 너무 건조한, 너무 재미없는 사회가 아니냐는 말들이 오갔는데, 가만히 생각해보자. 이런 농담을 하면서 즐거워할 때 상대의 기분은 어떨까? 상대는 모멸감을 느낄 수도 있다. 그러한 행동을 하지 않는 것이 선진 사회다. 만일 그런 얘길 들으면 여자들이 먼저 그것에 대해 심각하게 항의를 해야 한다. 그렇게 하지 않고 그냥 웃어넘기면 우리 사회는 점점 더 나빠진다. 그리고 글로벌 사회에서는 그런 게 통용되지 않으므로 글로벌 시티즌이 되기 위해서는 반드시 이런 점을 알고 있어야 한다.

외국인 노동자들을 대하는 태도도 달라져야 한다. 중국이나 인도네시아, 인도 등에서 우리나라로 일하러 오는 사람들이 많은데 그런 사람들을 얕잡아보는 경향이 있다. 선진 시민들은 사람을 함부로 대하지 않는다. 그들도 우리하고 똑같은 사람으로 인정하는 그런 사회가 선진 사회다.

장애인들에 대한 태도도 마찬가지다. 누구든 언제 어느 때 예기치 않은 사고로 장애인이 될 수도 있다. 그러니 더불어 살아가는 마음을 가져야 한다. 그게 선진 사회의 인간 존중 방법이다.

또한 엘리베이터나 차를 탈 때는 여성들을 먼저 타게 하고 문을 열어주는 것을 습관화하자. 선진국에서는 그런 걸 제대로 안 하면 사람 취급 못 받는다. 여자들은 먼저 문을 안 열어주는 그런 남자하고는 데이트하지 말아야 한다. 왜냐하면 그런 사람은 국제 경쟁력이 없는 사람이기 때문이다.

환경은 인류가 존속할 수 있느냐 없느냐를 결정한다. 예전에는 요즘처럼 안 더웠는데 요즘은 정말 많이 더워졌다. 4월에 피던 목련이 3월 말에 피고, 그동안 우리 연안에서는 안 잡히던 물고기가 잡히고, 잡히던 물고기는 자취를 감추고 있다.

환경 변화가 앞으로 어떻게 세상을 바꿀지 예측하기 힘들다. 앞으로 우리가 환경에 대해서 그리고 기업이 환경을 무시하면 개인은 물론 기업도 살아남을 수 없다. 또한 환경은 비즈니스의 기회이기도 하다. 앞서 옥수수로 만든 옷 얘기를 했는데 머지않아 실용화되면 석유로 만든 옷보다 더 가격이 쌀 것이다. 태양열, 풍력, 조력 이런 것들이 앞으로는 비즈니스 기회가 된다.

도요타에서는 앞으로 자동차에 옥수수로 만든 카펫만을 쓸 계획이라고 한다. 물론 비용은 더 많이 든다. 그래도 도요타는 나름대로 리딩 컴퍼니라는 생각을 가지고 앞장서는 것이다. 캐논도 옥수수로 만든 엔지니어링 플라스틱을 가지고 복사기를 만들고자 한다. 이처럼 환경 변화가 가져오는 위험과 기회를 확실히 알아야만 기업은 물론 개인도 앞으로 경쟁력을 가질 수 있다.

안전지대를 벗어나라

글로벌 플레이어로서 성공하고 성장하려면 다음 세 가지가 필요하다. 도전, 소통, 원칙이다.

요즘처럼 다양한 사회에서는 남의 얘기를 안 들으면 안 된다. 80퍼센트를 듣고 20퍼센트를 얘기해야 성공할 수 있다. 그리고 나와 다른 의견도 받아들일 수 있어야 한다. 소통이란 게 그만큼 중요하다. 그리고 원칙을 지키는 사람은 아름답고, 믿을 수 있고, 존경을 받는다. 원칙을 무시하는 사람은 신뢰가 가지 않는다. 원칙을 지킨다는 것은 항상 지키는 것이다. "나는 거짓말을 안 한다"라고 얘기하면 항상 거짓말을 하지 말아야 한다. "나는 교통도덕을 지킨다"라고 말하면 항상 교통도덕을 지켜야 한다. "나는 법을 준수한다"라고 말하면 항상 법을 준수해야 한다. 80~90퍼센트는 지키지만 10~20퍼센트를 안 지키면, 그것은 원칙을 지키지 않는 사람이다. 사소한 원칙을 지킬 수 있는 사람이 큰 원칙도 지킨다. 원칙은 항상 지켜야 원칙으로서 나름의 가치가 있는 것이다.

소통과 원칙 이 두 가지보다 더 중요한 게 도전이다. 우리는 누구나 자신의 안전지대를 만들어놓고 산다. 그 속에 들어가면 항상 편안함을 느낀다. 그래서 내 집에 들어가면 편하고, 외국에 있다가 우리나라에 들어오면 편안함을 느끼는 것이다. 그래서 옛날엔 다들 성을 쌓았다. 성을 쌓아서 성 안에 있는 사람들이 편안하게 살았다. 그런데 성이 있으면 밖에 있는 사람이 들어올 수도 없고 안에 있는 사람도 못 나간다.

지금 같은 국제화 시대에 성을 쌓고 사는 사람은 경쟁에서 이길 수가 없다. 왜냐하면 다른 사람들은 밖에 나가 싸워서 기회를 얻고 있는데 자신만 안전지대에 있으면 좋긴 하지만 결코 성장하지 못한다. 뱀이나 게가 성장하려면 반드시 허물을 벗어야 하는데, 그 허물을 벗을 때 엄청난 고통이 뒤따른다고 한다. 인간도 마찬가지다. 안전지대를 벗어나지 않으면 성장할 수 없다.

나는 화공과 출신이다. 대학 졸업 후 첫 10년을 엔지니어로서 성장했다. 만일 안전지대를 벗어나지 않았으면 지금 같은 위치에 오르지 못했을 것이다.

한국에서 계속 근무하다가 미국 공장에 공장장으로 발령을 받았다. 테네시라는 미국 남쪽에 있는 전형적인 시골 마을 공장이었다. 마을 주민이 1,500명쯤이었는데 공장 직원이 1,000명쯤 되었다. 완전 깡촌이었지만 공장 시설도 좋았고 좋은 테크놀로지를 갖고 있었다.

미국에서 사는 것도 무섭지 않았고 공장을 운영하는 것도 무섭지 않았는데, 내가 미국 사람들을 리드한다는 게 무섭다는 생각이 들었다. 몇 명의 미국 사람을 부하직원으로 둔 적은 있었지만 1,000명이나 되는 직원들을 리드해본 적은 한 번도 없었기 때문이었다. 영어도 그 사람들만큼 못하고 그들을 한 사람 한 사람 대해보면 나보다 아는 것도 많은데, 과연 내가 리드할 때 사람들이 좇아오겠느냐 하는 그런 걱정이 앞섰다. 고민 끝에 가기로 결정을 내렸다.

부임한 첫날 공장 간부회의 때의 일이다. 직원 10명이 모여 첫 간부회의를 하는데, 테이블에 앉으니 무슨 말을 해야 할지 갈피를 잡을 수 없었다. 그래서 제일 앞에 있는 직원부터 차례로 보고를 하라고 시켰다. 차례로 보고를 받은 다음 "자, 나가서 일합시다" 그러고는 끝마쳤다. 온몸이 땀에 흠뻑 젖어 있었다. 저 사람들이 나에 대해 뭐라고 할까 하는 생각도 들고 참 후회스러웠다.

그런데 그때 동석했던 보스가 박수를 치면서 "잘했어! 바로 그거야!"라며 "리더가 되는 것은 다른 사람들로 하여금 일을 하게끔 하는 것이지, 당신이 말 다 하고 떠들고 그러는 게 리더가 아니다"라며 칭찬을 해주었다. 물론 나를 격려해주는 멘트였을 것이다. 그리고 몇 주가 지나고 몇 달이 지나니까 점차 마음이 편안해졌다.

그런데 크리스마스 때 개최한 이벤트가 문제였다. 크리스마스 때가 되면 회사 전 직원과 배우자들을 모아 '스테이트 오브 비즈니스 디너State of business dinner'라는 걸 한다. 회사의 경영 상태를 직원들과 그 가족들에게 알리고 스테이크 파티를 하는 이벤트다. 간단히 말해서 스테이크와 맥주를 갖다놓고 크리스마스 파티를 하는 것이다.

직원이 1,000명이고 그 가족까지 있으니 2,000명이 함께 모일 자리가 없어 500명씩 나눠서 네 번에 걸쳐 초대를 했다. 그날 내가 할 일은 첫 5분 동안 우리 회사가 어떻게 운영되었고, 얼마만큼 돈을 벌었고, 잘못한 건 뭐였는지 등등 회사에 대한 얘기를 하는 것이었는데, 500명 앞에서 영어로 얘기를 하긴 그때가 처음이었다. 며칠 전부터 할 말을 달달 외웠다. 그런데 사람들 앞에 딱 서니깐 외운 게 기억이 하나도 안 났다. 그래서 나름대로 말을 만들어 5분 동안 얘기를 하고 나왔는데, 하고 싶은 말은 한마디도 못하고 와이셔츠는 푹 젖어 있었다. 그 자리에 모인 사람들은 다들 이 사람이 무슨 얘기를 했나 싶었는지 웅성웅성 어수선했다.

그리고 그다음 주에 두 번째 그룹과 또 그다음 주에 세 번째 그룹하고, 이런 식으로 하다보니 할 때마다 나아져서 네 번째 그룹과 이벤트를 할 때는 사람들한테 농담도 건네고 나름대로 사람들한테 말도 시키면서 완전히 다른 김동수가 되어 있었다. 4주 사이에 나의 안전지대가 엄청나게 늘어난 것이다. 이처럼 하겠다는 마음을 가지고 열심히 노력하면 된다.

6개월 룰을 늘 기억하라

미국 생활을 마치고 한국에 돌아와 울산에 공장을 지어 그곳에서 공장장을 했다. 엔지니어링 플라스틱도 만들고, 뷰터사이트라고 하는 자동차 안전 유리도 만들었다. 그런데 보스가 와서 또다시 물었다. 물건을 만들지만 말고 팔아도 보라고. 그때까지 연필 한 자루 팔아본 적이 없는 사람에게 한국 시장뿐만 아니라 아시아 시장에서 그 물건을 팔아보라는 것이었다.

그때 고민을 굉장히 많이 했다. 세일즈라는 건 상상도 못 해봤는데 갑자기 그걸 하라니까 어떻게 하나 싶었다. 그래도 한번 해볼 만하겠구나라는 생각이 들어 난생 처음 세일즈에 관한 책도 읽고 사람들한테 물어가면서 몸으로 부딪히며 세일즈를 했다. 그리고 1년 만에 일본 시장에 들어가서 제로 상태이던 마켓 셰어market share를 30퍼센트로 만들었다. 그리고 1년이 지나니까 내가 꼭 장사꾼이 된 것 같았다. 그만큼 나의 안전지대 역시 넓어졌다.

울산 공장장을 하면서 비즈니스 매니저도 하고 점점 큰 책임을 맡게 되었다. 아시아 지역 내에 있는 자동차 사업부를 다 맡아서 운영했는데, 미국으로 다시 가서 근무를 하라는 발령을 받았다. 불소 사업부에서 물건을 만들어서 고객한테 보내는 것까지를 책임지는 오퍼레이션 책임자를 했는데, 하루는 사업부장인 조 글래스가 내게 와서 회장이 나를 찾는다는 얘기를 전해주었다. 그 위치만 해도 회장하고 자주 만날 수 있는 기회가 없었기 때문에 나는 다소 놀랐다.

우리 회사 호텔인 듀폰 호텔에서 회장을 만났는데 나를 처음 보자마자 "사업부사장이 되지 않겠느냐?"라는 얘기를 했다. 그때 나는 사업부사장이 뭘 하는지조차 몰랐다. 그래서 "You're kidding!(나, 놀리는 거지!)"라고 말하니까 정색을 하면서 한번 해보라고 말했다.

어떤 잡 오퍼가 왔을 때 생전 처음으로 못하겠다고 했다. 왜냐하면 맡아야 할 책임이 너무 크고, 전 세계를 상대로 하는 그런 회사고, 그리고 2~3조 원 정도 하는 작지만 굉장히 좋은 비즈니스이기 때문에 못하겠다고 했다. 그랬더니 회장이 한숨을 내쉬었다. 자기네들이 나에게 그러한 직책을 주기 위해 그동안 나를 단련시켰다며, 미국 사람들은 "너, 이거 해라" 그러면 백이면 백이 얼씨구나 하는데 "너는 왜 안 하느냐?"는 것이었다. 나는 내가 책임 못 질 일은 안 한다고 했더니, 오늘 하루 시간을 줄 테니까 잘 생각한 뒤 내일 다시 얘기하자고 그랬다.

평소 6~7시까지 일하는데 그날은 3~4시쯤에 집에 돌아갔다. 나는 아무리 회사에 어려운 일이 있어도 집에 들어갈 때는 웃으면서 들어가고 회사 걱정은 안 하는 버릇이 있다. 내 건강을 지키는 가장 중요한 요소가 행복한 시간을 많이 가지는 것이므로 집에서 회사 걱정을 할 필요가 없겠다고 생각하기 때문이다. 그런데 그날은 얼굴 표정이 달랐는지 아내가 무슨 문제가 있느냐고 물었다.

빨리 고해성사하라는 재촉에 얘기를 했더니 아내는 한번 해보지 그러느냐, 회장이 판단하기에 내가 할 수 있으니까 시키는 것 아니겠느냐고 했다. 그처럼 간단한 논리인데, 왜 미처 그 생각을 못했는지. 그래서 내일 회장한테 얘기하겠다고 그랬더니 지금 당장 전화를 걸라고 아우성이었다. 왜 12시간이라는 긴 시간 동안 회장한테 부정적인 생각을 하게 만드느냐는 것이다. 그러면서 "하다가 안 되면 다 털고 한국 가서 장사나 하지 뭐, 당신 장사 잘하잖아"라는 말을 건넸다.

아내의 말대로 회장한테 전화를 거니까 굉장히 좋아했다. 그리고 일을 시작했는데 첫 한두 주는 죽을 지경이었다. 이거 큰 실수를 했구나 싶은 마음이 굴뚝같았다. 그런데 한 달이 지나고 두 달이 지나고 6개월이 지나니까 정말 내가 보기에도 나 스스로 사장답게 생각하게 되었다.

이 세 가지 경험에서 깨달은 것은 '6개월 룰six month rule'이었다. 6개월만 지나면 누구나 새로운 환경에 적응해서 어려운 환경을 나의 안전지대로 만들 수 있고, 그렇게 함으로써 비약적으로 성장할 수 있다는 것이었다.

나는 요즘 젊은 사람을 보면 "싫어하는 일을 해봐라. 자신 없는 것도 해봐라. 이래도 망하고 저래도 망하면 한번 시도해보다 망해라"고 말한다. 가만있으면 틀림없이 망하니까.

그동안 나는 6개월 룰을 통해 나 자신뿐만 아니라 우리 회사 직원들이 변하는 모습을 수없이 지켜보았다. 많은 사람들이 이 룰을 가슴속에 꼭 새기고 실천하기 바란다.

지속가능한 성장을 위하여

우리는 살면서 문화적인 두려움을 많이 겪게 된다. 괜히 서양 사람들을 보면 주눅이 든다. 식당 같은 데 가도 서양 사람들이 들어오면 사람들이 슥 쳐다보고, 좋은 자리를 주는 것 같고, 대접이 좀 다르다는 느낌이 든다. 반대로 후진국에서 온 사람을 보면 괜히 우월감이 들어 좀 깔보는 경향이 있다.

그런데 글로벌 시티즌으로서 안 해야 할 짓이 그것이다. 누구든 주눅 들 사람도 없고, 멸시할 사람도 없다. 우리는 한 사람을 인간으로서 대접하고 상대해야 한다. 그렇지 않으면 큰코다친다. 엉뚱한 사람한테 이용당하고, 엉뚱한 사람한테 망신당하고, 엉뚱한 사람을 잘못 대해서 큰 손해를 보게 된다. 피부 색깔이나 외모를 보고 사람을 평가하는 게 아니라 그 사람의 머릿속에 든 것, 그리고 그 사람의 가슴속에 있는 것을 가지고 평가할 줄 알아야 한다.

지속가능한 성장이라는 얘기를 많이 한다. 왜 지속가능이란 얘기를 많이 할까? 그만큼 지속가능하기가 어려워졌기 때문이다. 요즘은 회사 이름을 수시로 바꾸는 경우가 많다. 왜 바꿀까? 다른 회사가 인수해도 또다시 망하기 때문이다. 이전에는 회사를 설립하면 20년, 30년, 50년, 206년도 가는데, 지금은 그렇게 가질 못한다. 지속가능이 그만큼 어려워졌다. 그런데 지속가능하게 가려면 기업 윤리를 지켜야 한다. 그렇지 않은 회사는 시간 문제지 반드시 망하게 돼 있다.

변화를 안 하는 회사도 망한다. 망할 확률이 30퍼센트가량 된다고 한다. 그러니까 변화해야 한다. 또한 새로운 것을 발명하고 새로운 것을 내놔야 한다. 차별화된 새로운 제품을 가지고 제대로 가격을 받아야 한다. 카피한 회사는 수익성이 있을 리 만무하다. 3년 전에 미국에서 PDP TV를 살 때 600만 원 주고 샀는데, 지금은 똑같은 TV가 200만 원 한다. 미리 시작해 이미 돈을 번 사람들은 새로운 데 투자할 수 있는데, 그걸 카피한 회사들은 계속 200만 원만 받고 판다. 앞으로는 가격이 아마 더 떨어질 것이다.

경청 또한 잊지 말아야 한다. 들을 수 없는 리더는 리더로서 자격이 없다. 또한 나름대로 스탠더드를 제대로 세울 수 있는 그런 능력이 있어야 한다. 그리고 더 중요한 것은 실천이다. 'Walk the talk.' 내가 말한 것을 실천하란 얘기다. 실천하지 않는 리더는 결코 성공할 수 없다.

어떤 위험지역도 나의 안전지대로 끌어들일 수 있다

요즘 젊은이들은 꿈의 시대에 살고 있다. 내가 젊은이였을 때 나 같이 신입사원으로 시작해서 제일 잘된 사람이 회사 부장이었다. 임원들이나 사장들은 모두 군인 출신이거나 정부 고위직 출신이었다. 그래서 부장이 그렇게 부러울 수가 없었다. 왜냐하면 우리 선배들이 부장 이상 간 사람이 없었으니까. 우리 꿈은 고작 부장이었다.

그런데 요즘은 빈손으로 시작해서 크게 성공한 사람들이 많다. 내가 아시아인으로서는 처음으로 듀폰아시아의 회장이 됐는데, 듀폰에 입사할 당시만 해도 듀폰의 어느 큰 공장의 공장장이 되는 게 꿈이었다. 그런데 살아보니까 올라가면 또 새로운 기회가 보이고, 올라가면 또 새로운 기회가 보였다.

과거 우리는 미래의 꿈을 꾸지 못하고 미래를 그려보지 못하고 그때그때 당한 것이다. 그때그때 당하면 그때마다 최선을 다했다. 지금은 이미 선배들이 많은 길을 닦아두었다. 그래서 정복해야 할 산이 보인다. 이제는 산을 올라갈 준비를 해야 한다. 그런데 이 산 뒤에는 안 보이는 더 큰 산이 있다. 더 큰 산도 충분히 올라갈 수 있다. 그러니 눈앞에 보이는 산을 오르기 위한 준비만 하지 말고, 뒤에 더 큰 산이 있다는 걸 확신하고, 거기에 대한 준비를 해두어야 한다.

준비를 안 하고 큰 걸 원하는 사람은 도둑이다. 투자를 하고 노력을 해야 양극화 시대에 잘하는 쪽으로 갈 수 있고, 사회에 기여할 수 있고, 나라에 기여할 수 있다. 준비를 잘하면 큰 사람으로서, 반드시 CEO나 고위 관료가 안 되더라도 행복한 삶을 꾸릴 수 있다. 너무 진부한 말이긴 하지만, 준비하지 않고 나중에 후회하면 아무 소용이 없다. 그리고 살면서 6개월만 열심히 하면 어떤 위험한 지역도 나의 안전지대로 끌어들일 수 있다는 확신을 가지고 계속해서 성장해나가야 한다. 그러면 자신이 원하는 것은 뭐든지 이룰 수 있을 것이다.

| 김동수의 경영철학 |

Select best people and keep developing them.
Trust people.
Work through people.

CEO 생생토크

1_ 도전정신은 하루아침에 길러지는 것이 아니라, 다양한 경험을 하다보면 그 속에서 차츰 생겨난다고 봅니다. 그런데 기업들은 토익 점수나 학점 등을 평가의 잣대로 삼고 있는 것 같아 아무래도 취업을 준비하는 사람 입장에서는 도전정신을 기르려는 노력보다는 그런 것들에 더 매달리게 됩니다. 앞으로 도전적인 삶을 꿈꾸는 젊은 이들에게 조언이나 응원의 말씀 한마디 부탁드립니다.

기업을 경영하면서 가슴 아픈 것 중에 하나가 젊은이들이 자신이 원하는 직장을 못 얻는다는 사실입니다. 또 그것에 대해서 책임을 많이 느끼고 있습니다. 그런데 요즘은 인재를 뽑는 기준이 과거와 많이 달라졌습니다. 옛날에는 성적표 본 뒤 딱딱한 질문 몇 번 해보고, 심지어 점쟁이를 면접관으로 앉혀놓고 뽑는 회사도 있었습니다. 그러나 이제는 창조적이고 도전적인 사람을 원합니다. 그래서 인터뷰도 2~3시간, 그리고 여러 번에 걸쳐 합니다. 그런 과정을 거치면서 이 사람이 얼마만큼 창조적이고, 도전적이고, 새로운 것을 만들어낼 수 있는 사람인지 살펴보는 것이죠.

듀폰에서 제가 직원들을 뽑은 후 평가를 하는데, 입사한 지 5년 된 직원들의 업무 성적하고 대학 성적하고 비교해보니까 하나도 맞질 않았습니다. 그러니까 성적이 조금 나빴다고 이류 회사밖에 못 간다라고 생각하면 그건 오산입니다. 큰 기업을 경영하는 사람들, 리딩 기업을 경영하는 사람들의 잣대가 많이 변했습니다. 인터뷰를 할 때도 좀 당돌할 필요가 있습니다. 당돌하고 자기의견을 조리 있게 내세우면서도 정중할 땐 정중한 사람을 원하기 때문에, 자기 색깔을 분명히 가지고 있어야 합니다.

일본에서 손정의 씨를 만나서 어떻게 성공했느냐고 물어본 적이 있습니다. 손정의 씨는, 정상적인 사람이 보기에는 조금 정신이상자라고 생각할 정도로 자기는 다르게 보이려고 노력했다는 말을 했습니다. 그리고 지금도 사람을 뽑을 때 자기가 보기에는 정신이 좀 이상한 사람, 그런 사람을 찾는다고 그러더군요. 왜냐하면 정상적인 사회에서 정상적인 사고를 가지고 일하면 정상적인 소득밖에 못 얻는데, 조금 이상한 사람이면 망하긴 하지만 그중에서 또 많은 돈을 버는 사람들도 있더라는 겁니다. 그러니까 자기 목소리를 내고, 창조적이고, 좇아다니는 사람이 아니라 리더가 될 수 있는 그런 잠재력이 보이도록 인터뷰하는 게 좋을 것 같습니다.

2_ 회장님께서는 그동안 살아오면서 실패라든지 자기 자신에게 실망한 적은 없으신지요? 만일 있다면 어떻게 극복했는지 말씀해주신다면 열심히 살아가는 젊은이들에게 큰 도움이 될 것 같습니다.

저 역시 그동안 많은 실패를 해왔습니다. 지금도 하루에 몇 번씩 제 자신에게 실망합니다. 그런데 우리가 실패에 대해서 생각을 좀 달리해야 합니다. 저는 실패를 하면서 배운 것이 성공을 하면서 배운 것보다 훨씬 많습니다. 나의 실패만 볼 것이 아니라 남의 실패도 보고 배워야 합니다. 똑똑한 사람은 남의 실패를 보면서 그것을 거울삼아서 성공한다고 하더군요.

듀폰에서 1987년 저를 뽑은 가장 큰 이유는 한국에 이산화티타늄 공장 설립 인가를 받고 공장을 건설한 후 공장장이 되라는 것이었습니다. 그런데 공장을 못 지었습니다. 제가 잘못한 것도 있고 주위 환경이 그런 것도 있지만, 결과적으로 공장 허가를 받지 못했습니다. 그래서 저는 새로운 직업을 알아봐야겠다고 생각했습니다. 현대자동차로 옮겨 미국에서 자동차나 팔까, 뭐 그런 생각도 하고 여러 가지 일을 했는데 저를 존슨빌 공장 공장장으로 발령을 내더군요. 실패를 경험한 김동수를 더 높게 평가한 것이죠.

저는 제가 그런 경험을 겪었기 때문에 많은 사람들한테 얘기합니다. "실패를 무서워하지 마라. 실패를 무서워하는 비즈니스맨은 백전백패다." 도전 정신이라는 게 뭡니까? 다 성공을 할 수 있는 걸 가지고 도전을 하면 그건 도전이 아닙니다. 70퍼센트 성공할 수 있는 걸 가지고 싸우는 게 도전입니다.

3_ 저는 캐나다 토론토에 이민을 가서 20년간 살다 왔는데, 인종차별이 아주 심했습니다. 법적으로는 인종차별이 없지만 실생활은 그렇지 않았습니다. 제 지인은 토론토 대학 법대를 아주 우수한 성적으로 졸업해 좋은 회사에 취직을 했는데도 실력을 발휘할 기회가 별로 없는 직책만 주어졌습니다. 그리고 캐나다 여자와 결혼한 뒤에

도 인종차별의 벽은 여전했습니다. 남자도 그런데 여자는 더할 것이라는 생각이 듭니다. 회장님께서는 인종차별의 벽을 전혀 느끼지 않으셨는지, 그리고 느꼈다면 어떻게 극복하셨는지요?

우리는 항상 차별을 받고 삽니다. 그게 인종차별이든지, 아니면 지역 차별이든지. 그 차별을 우리의 장애로 우리의 어려움으로 만들려고 하면 항상 그렇게 만들 수가 있고, 또 그것을 이용하려면 이용할 수도 있습니다. 그러니까 긍정적인 사고를 가지고 있으면 그런 것을 자기 나름의 강점으로 만들 수도 있습니다.

듀폰의 본사 사장단 회의 같은 데 갔을 때 '내가 한국 사람이고 동양인이기 때문에 비애를 느낀다'라는 생각을 할 때도 있었습니다. 하지만 또 이렇게도 생각했습니다. '내가 만약 동양인이 아니었으면, 내가 현재 이 자리에 왔을까?' 이 사람들이 이제는 동양인이 사장을 할 때가 됐다라고 생각해서 나를 뽑았을 수도 있습니다. 그것을 긍정적으로 보면 얼마든지 긍정적으로 볼 수 있습니다.

미국 사람들 중에도 회사에 들어와 높은 직책에 올라가보지 못하고 평생을 보내는 사람도 많습니다. 그 사람은 백인이고 남자인데도 그렇습니다. 그런 사람은 다른 이유를 핑계로 대겠죠. 현재 자기 입장을 긍정적인 쪽으로 항상 보는 습관, 그게 올바른 태도가 아닐까 싶습니다.

4_ 회장님의 말씀처럼 우리는 미래가 어떻게 변할지 모르는 불안한 시대에 살고 있습니다. 그러나 어느 정도 미래를 예측할 수 있어야 자신의 꿈도 준비할 수 있지 않을까요? 어떻게 하면 미래를 예측할

수 있을지 혹시 그런 통찰력이나 노하우 같은 것은 없을까요?

세상에 그런 건 없습니다. 우리는 엑스피어리어드에 살고 있습니다. 내일을 예측할 수 없는 그런 시대에 살고 있죠. 저야 지금 한 2~3년을 엑스피어리어드라고 얘기하고 있지만, 젊은이들은 인생 전체가 엑스피어리어드일지도 몰라요. 그만큼 많이 변하는 사회에 살게 될 것입니다.

그렇기 때문에 어떠한 상황에도 대처할 수 있는 몸과 마음을 갖고 있어야 합니다. 건전하고 긍정적인 사고, 건강한 마음, 그리고 어떠한 기회에도 도전할 수 있는 도전의식이 필요합니다. 시험문제에 뭐가 나올 것 같으니까 공부하는 그런 시대는 지났습니다. 어떠한 시대의 변화가 있어도 대처할 수 있겠다는 자신감, 그런 자세가 중요합니다.

모든 것을 머리로 하려고 생각하지 마세요. 머리로 모든 것을 하기에는 너무 많은 인포메이션이 있기 때문에 가슴으로 해야 합니다. 도전정신도 그렇고 리더십도 가슴에서 나옵니다. 도전해서 이길 수 있는 자세를 가지는 것이 중요하다고 생각합니다. 내년에 뭐가 어떻게 될지 어떻게 알아요? 내일도 모르는데…….

나만의 것을 강점으로 내세워라

글로벌 경쟁 시대의 생존전략

김진수 **CJ제일제당 대표이사**

1977 제일제당 입사

1993 제일제당 식품기획실 실장

1996 한국존슨 사장

2001 CJ식품냉장생활사업 총괄 부사장

2003 CJ홈쇼핑 대표이사

2005 한국온라인홈쇼핑협회 협회장

CJ제일제당 대표이사·사장

한국마케팅클럽 회장

2009 식품기업 수출협의회 회장

본질을 추구하여 자신만의 것을 만들어라

"봄을 그리려 함에 버드나무나 복숭아꽃이나 살구꽃을 그리지 말지니. 그저 봄만 그려라." CJ제일제당 김진수 대표이사는 일본 가마쿠라 시대 선승, 도겐 선사의 시를 통해 일에서 근본의 중요성을 전한다. 어떤 일을 할 때 남의 것을 차용하지 말고 자신의 생각과 가치를 정리해야 한다고 강조한다. 지름길로 다니다 보면 세상이 얼마나 넓은지 볼 수 없다는 게 그의 지론이다.

측은지심으로 소비자를 움직여라

세종대왕이 한글을 만든 가장 큰 이유는 무엇일까? 민연憫然한 마음을 갖고 백성들에게 다가간 세종대왕의 철학을 바탕으로 소비자를 알고 이해하면 글로벌 경쟁에서 살아남을 수 있다. 소비자를 움직이면 온리 원only one 철학에 부합할 수 있다. 최초the first, 최고the best, 차별화differentiation 원칙에 부합하는 상품으로 최고의 기업을 만든 CEO 김진수의 생존전략을 들여다보자.

브랜드는 곧 신뢰다

김진수 대표이사는 신뢰는 만드는 것이 아니라 쌓는 것이라고 단언한다. 또한 브랜드는 신뢰를 축적하는 기회라고 말한다. 이러한 신뢰를 쌓기 위해서는 그때그때 살아가는 것보다 길게 보며 꾸준하게 살아가는 것이 더 효과적이다. 많이 아는 것보다 실천하는 것이 중요하며, 과장된 것보다 사실대로 이야기하는 것이 효과적인 방법이라고 조언한다.

김진수 식품업계 1위 기업인 CJ제일제당의 CEO 김진수, 1977년 마케터로 사회에 첫발을 내딛은 뒤 수많은 가공식품을 성공시킨 히트상품 제조기다. 대한민국 국민이면 적어도 한 번 이상 먹어봤을 상품들이 그의 두뇌에서 탄생했다. 정확한 시장분석과 소비자 연구가 있었기에 가능한 일이었다.
그가 만들어낸 수많은 히트상품은 열정의 결과물이다. 그는 적당히 만족하는 삶을 거부하고 자신의 제품을 꼭 성공시키겠다는 열정으로 이 시대 대표 경영인이 되었다. 경제가 어려울수록 따뜻한 휴머니즘이 필요하다고 말하는 그가 펼치는 글로벌 경쟁을 성장의 기회로 바꾸는 전략은 무엇일까?

"봄을 그리려 함에 버드나무나 복숭아꽃이나 살구꽃을 그리지 말지니. 그저 봄만 그려라."

일본 사람들이 우리나라 원효대사만큼 존경하는 도겐 선사의 말이다. 자칫 중심을 잊어버리려고 할 때 나는 이 말을 자주 떠올린다. "그저 봄만 그려라." 이 말이 쉽게 이해되지 않을 수도 있다. 봄에 대한 그림을 그린다고 가정해보자. 다들 봄 하면 떠오르는 꽃이나 나무 등을 그릴 것이다.

하지만 도겐 선사는 봄에 대한 그림을 그릴 때 버드나무 가지에서 싹이 나오는 모습이나 복숭아꽃이나 살구꽃을 그리지 말라고 말한다. 만일 봄이 나에게 그리움이라는 감정을 떠올리면 그리움을 표현하고 봄이 나에게 어머니를 떠올리면 어머니를 그리라는 얘기다. 다시 말해서 다른 사람들이 일반적으로 떠올리는 봄에 대한 느낌이 아니라 본인이 생각하는 봄을 그리라는 것이다. 정리하자면 지엽적인 것에 매달리지 말고 보다 근본적인 것을 보라는 말이다.

본질을 추구하라

그림을 그릴 때뿐만이 아니다. 자신에게 어떤 일이 주어졌을 때도 그 일을 해내기 위해 남이 해놓은 것을 차용하지 말고 '과연 무엇에서부터 시작할까?'를 생각해야 한다. 그리고 '나에겐 이게 봄이야'라고 말할 수 있도록 깊이 고민해서 신중하게 자신의 생각과 가치를 정리할 수 있어야 한다.

성공회대 신영복 교수의 《감옥으로부터의 사색》 가운데 "무슨 편법이나 첩경이 없나 자주 살피게 됩니다. 이것은 관심의 낭비가 아닐 수 없습니다"라는 표현이 있다.

이 글을 읽으면서 참으로 좋은 말이라는 생각이 들었다. 첩경으로 다니는 데 익숙한 사람은 늘 다른 사람의 행동을 곁눈질한다. 나 역시 그동안 살아오면서 편법이나 첩경을 찾느라고 시간을 낭비한 적이 있었다.

대학 입시 준비가 한창이던 고3 때의 일이다. 톨스토이의 《부활》을 읽어야 했는데, 바쁘다는 핑계로 책은 제대로 읽지 않은 채 그 책의 주제는 무엇이고, 톨스토이의 문학작품은 어떻게 분류되고, 공산주의 사상이 싹틀 때 어땠고 하는 식으로 시험에 나올 만한 내용을 찾아서 외웠다. 열심히 외운 덕분에 시험은 잘 보았지만 톨스토이가 작품에서 표현하고자 했던 내용을 깊이 있게 이해하지는 못했다. 결국 지금 내 기억 속에는 줄거리조차 제대로 남아 있지 않다.

많은 사람들이 지름길로 다니면서 세상이 얼마나 넓은지 보지 못하고 살아간다. 그러다 보면 자기 인생을 사는 건지, 남의 눈을 의식해서 상대에게 좀 괜찮아 보이기 위해서 사는 건지 혼란스러워진다.

한때 기업 경영에 식스시그마가 유행했다. 물론 식스시그마라는 기법 자체는 분명 굉장히 좋은 것이지만, 요즘은 식스시그마란 단어조차 잘 쓰지 않는다. 어떤 기법 같은 게 유행하면 '우리도 얼른 해야지' 하면서 다들 남들에게 뒤질세라 열심히 따라 한다. 그런 행동이 바로 도겐 선사가 말한 '살구꽃 그리는 것'과 비슷한 것이다.

자신만의 생각을 가져라

일반적으로 고객을 customer라고 하는데 customer와 consumer는 구별되어야 한다. 이 두 단어는 어떻게 다를까? 간단히 말하면 customer는 물건을 사주는 사람이고, consumer는 소비하는 사람이다. 예를 들어 우리 회사는 밀가루를 생산해서 롯데제과에 판매하는데, 이때 롯데제과는 우리 회사의 customer이다. 그리고 우리 회사 밀가루의 consumer는 롯데제과의 과자를 사먹는 소비자이다.

기업 활동에서 customer를 이해하는 것은 매우 중요하다. 제일 힘 있는 사람은 결국 최종 소비자이기 때문이다. 기업 간 거래를 'B2B'라 하는데 B2B 마켓에서는 고객의 고객을 정확히 알아야 한다. 고객의 고객이 제일 힘 있는 사람들이다. 우리는 고객의 비위를 맞추려고 하는데 그 고객이 또 비위를 맞추려고 애쓰는 사람, 그 사람이 아주 상전의 상전인 것이다.

따라서 그 상전에게 어떻게 해야 하는가가 중요하다. 마케팅 담당자에게 어떤 개념을 가진 제품에 대한 소비자 반응이 어떨지 조사해오라고 하면, 열에 아홉은 소비자 조사 회사에 전화를 해 소비자 조사건이 있으니 회사로 들어오라고 한다. 이렇게 해서는 결코 소비자의 반응을 알아낼 수 없다. 소비자 조사 회사를 통한 조사는 한 가지 수단에 불과하다.

소비자는 먼 데 있는 것이 아니다. 우선은 자기 자신이 소비자다. 그리고 자기 아내, 어머니가 모두 소비자다. 이들이 제일 허물없이 물어볼 수 있는 사람들이다. 어떤 제품의 시장성을 살펴보기 위해 가장 먼저 해야 하는 행동은 제일 가까운 사람한테 허심탄회하게 물어보는 것이다. 그러면 이들이 이런저런 의견을 내놓는다. 만일 부족하다면 아내에게 친한 친구 다섯 명에게 물어봐달라고 부탁할 수도 있다.

나는 아주 허물없이 지내는 집에 놀러가면 주인에게 양해를 구한 뒤 냉장고 문을 열어보는 습관이 있다. 냉장고 문을 열어보면 그 안에 시커먼 비닐봉지에 식재료를 싸서 넣어놓은 사람, 포켓 쪽에 불고기 양념장 병을 넣어놓은 사람, 튀김가루를 고무줄로 둘둘 말아서 끼워둔 사람 등 그 사람의 살림 사는 방법을 훤히 들여다볼 수 있다.

그렇게 살펴보고 나면 머릿속에 가설이 생긴다. 그렇게 해도 여전히 궁금한 게 있다. 그리고 내가 세워놓은 가설이 몇 퍼센트나 적중할지도 궁금하다. 이때 소비자 조사 회사에 의뢰해 내가 궁금한 것들을 알아본다.

소비자를 이해하려면 어디 가면 문제 해결책을 찾을 수 있을지 생각하기 전에 자기 생각부터 먼저 정리해야 한다. 요즘은 인터넷이 하도 잘되어 있어서 조금만 검색해보면 온갖 정보들이 다 나온다. 하지만 그건 누구나 구할 수 있는 정보라는 점을 잊어서는 안 된다. 그 정보들을 나만의 것으로 만들어야 한다. 아무런 생각 없이 정보를 들여다본 사람하고 머릿속에 가설을 설정하거나 자신만의 생각을 가지고 들여다본 사람은 똑같은 시간을 들여다봐도 결과물의 질이 달라진다.

민연한 마음을 가져라

나는 조선시대 인물 가운데 제일 존경하는 사람을 얘기하라면 세 사람을 든다. 세종대왕, 이순신, 정약용이다. 이들을 좋아하는 이유는 '민연한 마음'을 가지고 있다는 점이다. 민연하다는 건 백성들을, 또는 일하는 사람들을 딱하게 여겨 어떻게 하면 내가 그들의 짐을 덜어줄 수 있을까라고 생각하는 것이다. 측은지심이라는 말과 일맥상통한다. 세종대왕이 한글을 만든 것, 이순신이 거북선을 만든 것, 정약용이 도르래(기중기)를 만든 것이 다 민연한 마음에서 비롯된 것이 아닐까.

물론 기업이 소비자에게 민연한 마음을 느낀다고 말하면 아주 교만하다는 생각이 들 것이다. 하지만 출발점은 앞서 예로 든 세 사람과 같다고 볼 수 있다. '왜 소비자들이 저렇게 고생하게 될까? 더 편하게 살게 해줄 순 없나?' 이런 생각들이 새로운 상품들을 만들게 한다.

빌 게이츠가 윈도를 만들어낸 것도 어찌 보면 측은지심에서 비롯되었다고 할 수 있다. '컴퓨터 쓰려고 저렇게 어려운 과정을 거쳐야 하나? 나이 든 사람도 좀 더 쉽게 쓰게 할 수는 없을까? 하나의 창문으로 딱 클릭해서 들어갈 수 있게 만들면 얼마나 좋아할까?' 이런 생각으로 윈도를 만든 것이다.

그 결과 소비자들은 마이크로소프트 사가 새로운 버전을 출시할 때마다 그 전날부터 가서 줄을 서는 것이다. 마이크로소프트 사는 소비자를 흥분시킨다. 이런 게 바로 소비자를 이해하는 것이다. 그런 기업이 처음으로 뭔가를 발명해내고 소비자에게 해결책을 제시해준다.

반면에 어떤 물건이 발명되어 잘 팔린다고 소문이 나면 '나도 만들겠다'고 나서는 사람이 있다. 아무것도 없는 제로 상태에서 만들어내는 사람이랑 남이 만든 것을 따라 만드는 사람 사이에는 엄청난 차이가 존재한다. 물론 나중에 만든 사람이 처음 만든 사람보다 조금 싸게 판다면 처음 만든 사람이 폭리를 취하지 않게 하는 견제 역할을 할 수도 있다.

남과 다르게 하라

이제 우리는 글로벌 시대에 살고 있다. 어떤 나라 사람들은 3D 업종과 같은 하위 단계 일을 하고, 어떤 나라 사람들은 기획과 같은 고급 업무를 한다. 또 그 중간을 담당하는 나라 사람들도 있다. 나라의 크기나 규모가 그런 결과를 가져온 것이 아니다. 나라는 작아도 똑똑한 사람들이 많다면 훨씬 고부가가치 일을 하게 될 것이다.

과거 우리 회사도 화학조미료 미풍을 판매하면서 고생을 많이 했다. 첫 번째가 아니라 두 번째였기 때문이다. 그래서 다시는 두 번째로 하지 말아야겠다, 뭐든 첫 번째로 해야 되겠구나라고 뼈저리게 느꼈다. 그래서 우리 회사는 '온리 원only one 정신'을 강조한다.

조금 천천히 하더라도 이런 정신으로 일해야 한다. 하지만 현실은 그렇게 녹록지가 않다. 세상에 없는 것을 제일 먼저the first 내놓되 최상the best을 보장해야 한다.

일례로 소비자 테스트를 해서 소비자가 반응하는 걸 점수로 만들었을 때, 어떤 제품은 5점 척도에서 3.6인데 우리는 4.0이 돼야만 온리 원 정신에 부합하는 제품이라고 본다. 그러기 위해서는 소비자가 '이건 좀 다르네. 아, 이거 좋은데' 이렇게 느낄 수 있어야 한다. 그게 바로 최상이다. 그다음은 차별화differentiation다. 비슷한 걸 만들더라도 똑같이 하면 절대 안 된다. 차별화가 되어야 한다. 이 세 가지에 부합하지 않으면 제품을 출시하지 않는다.

일본이 자랑하는 초일류 장인 오카노 마사유키는 직원 6명(자신 포함)으로 구성된 오카노공업사라는 초미니 기업을 이끄는 사장이다. 그는 《타임》이 "현대 과학기술을 능가하는 최고의 센서를 지닌 인간"이라는 평가를 할 정도로 자타가 공인하는 세계 최고의 프레스·금형 기술자다. 우리나라에서는 《목숨 걸고 일한다》라는 제목으로 그의 이야기가 책으로 나온 적이 있다. 나는 그 책을 읽고 무척 감동을 받았는데, 특히 다음 구절이 마음에 와닿았다.

"남들이 절대로 하지 않으려 드는 일, 싸구려라서 돈이 안 된다는 이유로, 아니면 기술적으로 불가능하다는 이유로 남들이 하지 않는 일을 하겠다. 싸구려 일도 남과 다르게 하면 고급 노동이 된다."

이처럼 우리는 아무나 할 수 없는 일을 해야 한다. 그리고 아무리 싸구려 일이라도 남과 다르게 하면 고급 노동이 된다는 사실을 명심해야 한다. 사소한 일 하나를 해도 남과 다르게 해서 그 일의 부가가치를 높여야 한다. 이는 단지 말뿐인 미사여구가 아니다. 그 노동에 대한 대가 또한 매우 높다.

"5년을 내다보며 항상 준비하라." 이것도 너무 좋은 말이다. 오카노 마사유키는 자신이 아무리 공들여 개발한 노하우도 절대 3년 이상 쓰지 않는다. 투자해놓고 3년 정도 지나면, 설비를 계속 써먹으니 사실 그때부터는 이익이 많이 남을 수 있다. 그러나 그렇게 안주하는 동안 다른 사람이 또 다른 솔루션으로 소비자가 원하는 것을 만들어내놓는 순간 예전 방식은 사람들의 관심 밖으로 사라진다. 미래를 준비하지 않고 즐기기만 한 결과다. 참 좋은 정신이다 싶어 우리 회사에서도 강조한다.

국가대표급 인재가 되어라

그런데 그런 창의적인 것을 누가 만드나? 그런 일을 하는 사람이 바로 인재다. 그것도 그냥 인재가 아니라 국가대표급 인재다. 우리 회사는 국가대표급 인재를 위해 늘 신경을 곤두세운다.

국가대표급 인재라는 말은 스포츠 용어에서 차용했다. 우리나라는 세금으로 태릉선수촌에다 운동선수들을 모아놓고 체계적인 식단을 짜서 매일 먹이고 운동을 시킨다. 이 사실을 안 선진국에서는 한국이 금메달을 따기 위해 훈련소 같은 곳에 선수들을 모아놓고 혹독하게 훈련을 시킨다고 비웃기도 한다. 그런데 사실 조그만 나라에서 세계 정상을 차지하려면 그럴 수밖에 없다. 4,600만 인구가 너나 할 것 없이 열심히 조깅을 한다고 마라톤이나 육상에서 금메달을 딸 수 있을까? 결코 기대할 수 없다. 우리도 어쩔 수 없어서 이렇게 하는 것이다.

1970년대 초인가? 레슬링에서 양정모 선수가 처음으로 금메달을 따서 나라 전체가 들썩인 적이 있었다. 그러더니 그다음 올림픽에서 두 갠가 세 개 나오고, 또 그다음에는 더 많이 나왔다. 골프 역시 마찬가지다. 박세리 선수가 여자 골프대회에서 우승한 뒤 잇달아 여러 선수들이 세계 골프에서 이름을 날리고 있다. 최근 들어 '박세리 키드'라는 말까지 생겼다. 하면 된다고 자신 있게 막 달라붙으니까 여자 골프는 우리 선수들이 세계를 거의 평정하다시피 되었다.

그래서 전인미답의 세계를 누가 먼저 밟느냐가 중요한 것이다. 그 결과 사람들이 스포츠를 좋아하게 되었고 온 국민이 마라톤도 많이 하고 이렇게 되는 것이다.

기업 경영 역시 마찬가지다. 국가대표급 인재가 있어야 한다. 그래서 우리 회사는 국가대표급 인재가 될 만한 사람을 모은다. 우리 회사가 태릉선수촌 역할을 하겠다는 것이다. 그들을 잘 키워 국가대표급 인재로 만들면 그중에서 세계 최고도 나타날 것이고, 결국 박세리 효과가 나타난다. 이미 많은 데서 증명됐다. 그렇게 가는 수밖에 없다.

작은 도전자가 큰 세계에서 이기려면 선진국들이 뭐라고 비웃어도 할 수 없다. 먼저 국가대표가 될 만한 인재를 모아서 탁월한 결과를 만들어내면 '아, 저렇게 하면 되는구나' 하고 많은 사람이 같은 길을 걷게 된다.

경쟁자의 강점을 뛰어넘어라

다들 핵심역량, 핵심역량 하는데 '나는 무엇을 핵심역량으로 할까?'라고 생각하는 것으로는 결코 핵심역량을 키울 수 없다. '나는 무엇이 될까?'부터 생각해야 한다. 기업에서 '우리 기업의 핵심역량은 무엇으로 할까?'를 고민할 때 가장 먼저 정해야 하는 것은 '우리 기업은 어떻게 될까?', '어느 영역에서 무슨 사업을 가지고 어떤 모습으로 될까?'라는 비전을 세우는 것이다.

그런데 그 비전을 세우는 데 걸림돌이 되는 방해자들이 꼭 있다. 바로 경쟁자다. 경쟁자를 뛰어넘어야 자신의 비전을 설정할 수 있다. 그러기 위해선 우선 경쟁자를 잘 알아야 한다. 경쟁자에 대해 잘 알면 나를 알 수 있다. 《손자병법》에 나오는 지피지기라는 말의 의미를 '나를 알고 남도 잘 알고' 이렇게 생각하는 사람들이 있다. 순서를 구분하지 않고 단순하게 이렇게 생각하는 것은 지피지기의 의미를 제대로 알지 못하는 것이다. 경쟁이나 게임은 상대적이다.

내가 어떤 부분은 매우 강한 줄 알고 있었는데, 만일 내가 지금 뛰어넘어야 할 상대가 나보다 그 부분에 더 강하다면 그건 나에게 강점이 아니라 약점이 된다. 반대로 내가 어떤 부분은 좀 약하다고 생각했는데, 상대는 그 부분에 나보다 더 약하다면 그 약점이 내겐 강점으로 작용한다. 싸움이라는 것은 늘 상대가 있는 것이므로 상대를 알아야 나를 알 수 있다.

자신의 강점과 약점을 상대와 비교해서 분석한 다음에는 챔피언과 도전자의 입장 차이를 알아야 한다. 챔피언, 즉 이미 등극해 있는 사람은 여유가 있다. 이것도 잘하고 저것도 잘하는데 내가 이게 좀 약하다면 그 약점을 조금 보완하는 여유를 가지면서 플레이를 할 수 있다. 그러나 도전자의 입장은 다르다. 도전자는 절박하다. 도전자가 보기에 챔피언은 너무나 대단한 사람이다. 그렇다 하더라도 구석구석 살펴 챔피언의 약점을 찾아내야 한다. 챔피언의 약점을 파고들어 그 부분에 자신이 가진 강점을 집중해야 한다.

그래서 그 역량이 힘을 발휘하는 순간이 왔을 때 최선을 다한다면 도전자는 새로운 챔피언으로 등극할 수 있다. 그런데 마치 하나부터 열까지 다 잘하는 우등생처럼 '나도 1등 할 것이다' 이렇게 마음먹어서는 결코 이길 수 없다. 그렇게 하면 평생 그냥 계획

서만 열심히 쓰다가 망하게 되는 길로 가고 만다.

따라서 도전자는 자신의 역량 가운데 핵심을 뽑아서 그걸 강하게 만들어야 한다. 다른 것은 다 잘 못해도 이것 하나만은 내가 잘할 수 있다는 절박한 마음으로 자신이 잘하는 것을 만들어야 한다. 이게 바로 승부수다. 그러면 이길 수 있다.

이런 것을 제일 훌륭하게 해낸 사람이 바로 이순신 장군이다. 임진왜란사 같은 데 보면 이순신 장군이 제일 많이 한 행동은 척후병을 보내는 거였다. 당시 일본은 조선보다 절대적으로 셌다. 무기도 세고, 인원도 많고.

그런데 이순신 장군은 어떻게 이겼을까? 적을 알았기 때문이다. 그는 적을 알기 위해 매일 노심초사했다. 조정에서는 "싸웠다 하면 이기는데 도대체 왜 계속 안 싸우는 거야?" 이렇게 오해를 해서 이순신 장군을 감옥에 넣기도 했다. 그런데 이순신 장군의 생각은 그게 아니었다. 그는 이기는 전쟁만 했다. 이길 수 있게 전략을 세운 다음 싸움에 임했으니 결코 질 수가 없는 것이다.

이순신 장군이 목표로 삼은 것은 일본군으로부터 해상을 완벽하게 지켜내 나라를 구한다는 것이었다. 이런 목표하에 이길 수 있는 방법을 찾아서 싸웠기 때문에 23전 23승이라는 빛나는 기록을 세울 수 있었다.

핵심역량을 얘기할 때면 나는 이순신 장군 사례를 자주 든다. 이길 수 있는 확실한 전략을 세운 사람과 준비 없이 시작한 사람이 싸우면 누가 이길지는 불을 보듯 뻔하다는 사실을 잊지 말자.

신뢰를 얻어라

국가 브랜드, 기업 브랜드 등 요즘은 브랜드라는 말을 자주 쓴다. "브랜드력이 최고다"라는 말도 있다. 그런데 브랜드를 한국말로 상표라고 옮겨 표기한 책을 가끔 보게 되는데, 이는 브랜드의 극히 외형적인 일부만 의미하는 단어이므로 브랜드는 그냥 브랜드라고 번역하는 게 맞다. 그렇지만 단지 브랜드라는 표현만으로는 왠지 부족하다는 느낌이 든다.

나는 '브랜드는 신뢰'라고 생각한다. "내가 만들어내는 제품에 이렇게 딱지를 붙여놨는데, 이 딱지가 붙은 것은 틀림없는 것이니까 앞으론 매번 점검하지 마시고 이 딱지가 있으면 그러려니 알고 사세요" 이런 의미를 담고 있다고 본다.

브랜드는 고객의 신뢰를 얻어야만 만들 수 있다. 그래서 trust는 making한다고 안 그러고 building한다고 얘기하는 게 맞는 것 같다. trust는 만들 수가 없다. 쌓아나가는 것이다. 그렇기 때문에 trust는 시간을 필요로 한다. 나는 timely하다는 말을 좀 싫어한다. 그럼 timely의 반대말은 뭘까? 영어로 표현하면 timelessly쯤 된다. timelessly는 롤렉스 시계에 비유할 수 있겠다. 내가 결혼할 당시 결혼 예물로 롤렉스 시계를 많이 했는데 그 디자인이 지금도 똑같다. time을 뛰어넘는다.

우리는 너무 timely한 걸 사는 데 익숙해 있다. 그런데 이렇게 timely하게 행동하면 뭔가를 제대로 축적하긴 좀 어렵다. 뭐가 터졌을 때 빨리 하는 건 자기 중심이 없다고 볼 수 있다. 자기 중심이 있는 사람은 '나는 이렇게 한다'라고 생각한다. 그리고 꾸준히 해나가면 오래된 약속처럼 소비자들이 '음, 저 집단은 저런 집단이구나' 하고 이해하는 마음이 형성된다.

그리고 갭gap을 최대한 줄여야 한다. 예를 들어 A는 아는 게 90인데 45를 실천하고, B는 아는 게 50인데 40을 실천한다면 두 사람이 경쟁할 경우 누가 이길까? 처음엔 A가 유리하겠지만 결국 B가 이기게 되어 있다. B는 현재는 아는 게 50밖에 안 되지만 알면 80퍼센트를 실천하는 체질을 가진 사람이다. 반면 A는 알면 50퍼센트를 실천하는 체질을 가진 사람이다. 시간이 흘러가면 A도 B도 지식이 쌓이게 된다. 뒤집히는 건 시간문제다.

이 갭 중에 제일 고약한 갭이 기대와 실제이다. 사실 나도 홈쇼핑에 몸담고 있을 때 이 부분 때문에 적잖이 고생했다. 쇼호스트한테 "제발 과장해서 얘기하지 마라. 그냥 사실을 있는 그대로 정확히 얘기하라"고 말했지만 그게 잘되질 않았다. 과장해서 얘기하는 것보다 있는 그대로 얘기하고 꾸준히 오랫동안 구매해주는 고객을 우대해주는 편이 훨씬 낫다는 사실을 깨달아야 한다.

우리나라 사람들이 제일 약하다고 비판받는 것 중 하나가 마무리를 잘 못한다는 점이다. "시작은 창대하였으나 마무리는 초라하리라." 이래서는 안 된다.

어떤 제품이 나와서 소비자들의 반응이 좋아 막 팔리기 시작하는데, 그다음에 샀더니 "하여튼 돈 좀 벌더니 또 이렇게 허술하게 만드는구나"라는 얘기가 나와서는 안 된다. 이렇게 되면 trust가 쌓이지 않는다. trust는 부패한 사회에서는 쌓이지 않는다. trust는 투명하고 일관성이 있을 때 building된다.

글로벌 경쟁을 기회로 삼아라

한국에서 히트한 물건은 외국에서도 히트할까? 물론 그렇게 되면 좋지만 그런 결과를 얻기는 쉽지 않다. 특히 식품은 더욱 그렇다. 외국 소비자를 만족시키려면 그 나라 소비자의 비위를 맞춰야 한다. 그 나라에 있는 상품들을 분석해 현재 드러나 있지 않은 고객의 욕구를 집어내야 한다. 그래야 성공할 수 있다.

기업에서 가장 중요한 3대 요건은 3P다. 제품과 서비스Product, 그 기업을 이루고 있는 사람People, 그 기업이 일하는 방식Process이다. 제품에 있어서는 본질을 추구해야 한다. 사람은 재능을 어떻

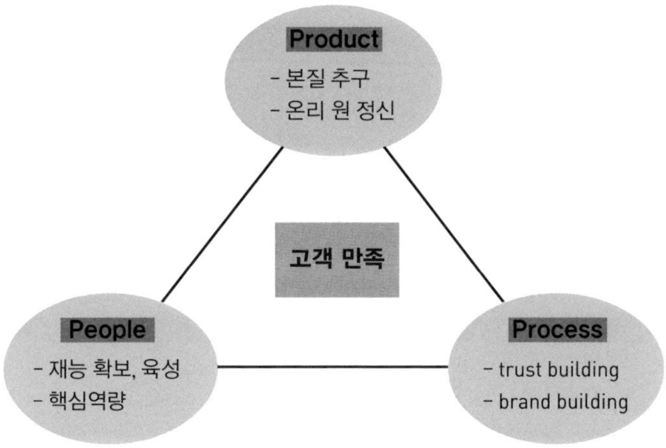

게 확보하고 육성하느냐, 또 핵심역량을 어떻게 키울 수 있느냐 하는 것이다. 일하는 방식에서 제일 중요한 것은 고객에게, 소비자에게 신뢰를 쌓는 것이다.

변화가 격심하고 걱정이 많은 요즘과 같은 시기에 자주 마음속으로 되뇌는 말이 있다. 아인슈타인은 "어둠이 없다면 우리는 우주의 비밀을 알지 못했을 것이다"라고 말했다. 대낮만 있으면 밤에 별이 안 보일 것이다.

어려움이 있을 때 나의 역량도 잘 보이고 또 남의 것도 잘 보인다. 환한 대낮에 잘 보이는 게 있고, 반면 깜깜한 밤에 잘 보이는 게 있다. 어려운 때지만 어려운 것에 두려움을 갖기보다 '어려울 때 내가 뭘 해야 하는가?'라고 생각하면서 정진하라. 그러면 우리나라 경제가 발전하고 나아가서 글로벌 경쟁시대에 개인과 가족, 국가가 모두 잘될 것이다.

| 김진수의 경영철학 |

늘 사람이 제일 중요하다고 생각한다. 대표이사로서 업적을 가늠하는 항목으로 재무성과, 핵심역량, 강한 인재를 꼽는데, 이중 가장 근본적이고 값진 것은 인재가 많아졌다는 평가다. 재무성과보다는 핵심역량이, 핵심역량보다는 강한 인재가 더욱 중요하다. 강한 인재가 많으면 못할 일이 없기 때문이다. 강한 인재가 많아져야 핵심역량이 강해지고, 좋은 재무성과를 만들 수 있다. CJ제일제당은 인재, 기술, 스피드로 Global Food & Bio Company가 되겠다는 비전을 갖고 있다. 사람이 제일 중요하기 때문에 비전의 제일 앞에도 인재를 넣었다

CEO 생생토크

1_ 대표님이 말씀하신 내용 중 특히 온리 원 정신이 굉장히 인상 깊었습니다. 그런데 CJ제일제당이 현재 두부 시장에 있어서만큼은 2위, 그러니까 후발주자인데, 온리 원 정신을 추구하는데 왜 두부 시장에 진출하셨는지 궁금합니다.

좋은 질문입니다. 우리 회사는 국민 건강을 위해서 두부를 만들어야겠다라고 생각하기보다는 동물성 단백보다는 식물성 단백이 유망하다고 좌표를 잡고 콩 가공식품을 최우선으로 삼았습니다. 식물성 단백에도 여러 가지 종류가 있는데, 콩 단백 외에 쌀 단백에 대한 연구도 하고 있습니다.

두부는 콩 단백 제품의 한 종류로 시작한 것입니다. 우리 회사가 추구하는 온리 원 정신에 최초, 최고, 차별화 세 가지가 있습니다. 그중에 두부는 두 번째와 세 번째에 해당되는 것이어서 하게 된 것이죠. 현재 시중에서 제일 인기 있는 두부하고 비교했을 때 그 이상의 결과가 나올 수 있겠다는 생각이 들어서 시작한 것입니다. 앞으로 더 두고 봐야 알겠지만, 상당히 좋은 성과를 올리고 있습니다. 또 그냥 요리용 두부뿐만 아니라 식사 대용으로 먹는 다이어트식이면서 건강식으로 먹을 수 있는 생식용 두부는 우리 회사가 최초라고 할 수 있습니다.

그런데 우리 회사가 두부 시장에 진출한 더 중요한 이유는 좀 더 긴 안목으로 세계 시장을 겨냥하기 위한 것입니다. 음식으로 동양이 서양을 압도할 수 있는 제일 큰 무기가 식물성 단백입니다. 두부는 본래 중국, 한국, 일본에서만 먹던 거라서 다른 나라가 세계인에게 두부를 소개하기 전에 우리가 먼저 선점해야 한다는 생각입니다. 옆으로는 콩 단백의 제품라인을 확장하고 한국 시장에서 테스트를 거친 뒤 세계 시장으로 나아갈 계획입니다.

2_ 대표님이 말씀하신 국가대표급 인재란 어떤 의미를 내포하고 있습니까? 과연 어떤 사람이 국가대표급 인재가 될 수 있다고 생각하시는지요?

사실 우리 회사에서 다루는 일의 종류는 박사학위를 갖춘 사람들이 하는 그런 깊이 있는 일은 그다지 없습니다. 물론 단단한 기초지식도 필요하겠지요. 그렇지만 그보다 더 중요한 것은, 아까 민연한 마음에 대해 얘기했는데, 그런 기본적인 인간적 가치와 뜨거운 열정이 바로 국가대표급 인재가 갖추어야 할 요건이라고 생각합니다.

잠시 저희 회사 국가대표급 인재를 뽑는 방식을 말씀드리겠습니다. 일단 직능별로 구분합니다. 권투를 하더라도 웰터급이 있고 미들급이 있는 것처럼 회사에도 경력 몇 년 차가 있고, RND, 생산, 구매, 판매·마케팅 등 여러 분야로 나뉩니다. 그리고 보다 세분화

된 직능도 있습니다.

그중에서 저희가 보는 시각은 이런 것입니다. "그 분야에서, 그 나이 또래에서 당신이 한국에서 제일 잘하는 사람 몇 위 안에 들어가나?" 또는 "한국에서 그 분야 최고가 누구인지 알고 있나?" "어디 가면 누가 좀 일을 잘한다더라. 그 사람은 하루 일과를 어떻게 보내는지 알고 있나?" 어느 회사의 누구인지 알아야 하는 것뿐만 아니라 사실은 세계에서 누가 제일 잘하는지 그런 걸 알아야 되겠죠. 그것도 모르면서 "이 정도면 내가 국가대표급 아니에요?"라고 말할 수는 없습니다.

세계 시장에 도전자로 나가려면 우리나라에서 제일 잘하는 사람부터 찾아야 합니다. 그게 국가대표급 인재의 개념입니다. 회사에서 어느 분야에서 누가 더 일을 잘한다는 것은 학교에서 높은 학점을 받은 것과 비례한다고 볼 수 없습니다. 물론 저는 학교 이름보다는 학점을 중시합니다. 학교 다닐 때 높은 학점을 받았다는 건 그만큼 학교 생활을 열심히 했다는 증거이니까요. 하지만 어떤 사람은 학계로 가야 되는데 회사에 와서 고생하는 사람도 있습니다. 회사에서는 실무형을 원합니다. 실무형은 예를 들어 변기세척기가 나왔으면 변기에 손을 넣을 줄 아는 그런 사람입니다.

위기 속에서 기회를 발견하라

미래를 위한 긍정의 리더십

김동녕 **예스24 대표이사 회장**

1972~1979 한세통상주식회사 대표이사

1982~2007 한세실업주식회사 대표이사

2007~2008 한세실업주식회사 회장

2003~현재 예스24(주) 대표이사

2009~현재 한세예스24홀딩스(주) 대표이사

YES24.COM
대한민국
20대,
펀드투자

세계 온라인 서점 시장의 최강자를 꿈꾼다

3,000억 원의 매출, 국내 1위 온라인 인터넷 서점의 주인공, 김동녕 예스24 대표이사는 지금은 세계 온라인 서점 시장의 최강자를 꿈꾸며 바쁘게 살아가고 있지만, 학창시절에는 문학을 꿈꾸던 문학도였다. 그의 책장에는 그가 지금까지 읽었던 모든 책들이 연도별로 빼곡하게 진열되어 있다. 이것이 세계 온라인 서점 시장과 어깨를 나란히 견줄 만한 그만의 비결이기도 하다.

적자에 시달리던 기업을 인수하여 1년 만에 흑자로 바꿔놓은 그는 항상 직원들과 대화하고 얼굴에 웃음을 잃지 않는다. 그의 목표는 한국도 아니고 아시아도 아니다. 이제는 세계 시장이다! 세계 온라인 서점 시장의 최강자를 꿈꾸는 그의 이야기를 들어보자.

위기 속에서 기회를 찾아라

"이베이나 아마존 같은 거대 기업들이 전 세계 인터넷 유통 시장의 강자로 있습니다. 예스24를 그런 데하고 어느 정도 경쟁할 수 있는 기업으로 키우고 싶습니다." 온화한 학자 같은 인상을 풍기는 김동녕 대표이사는 긍정의 리더십만 있다면 불황이나 그 어떤 역경 속에서도 얼마든지 기회를 찾을 수 있다고 말한다. 그는 또 새로운 변화와 기회에는 새로운 생각을 가진 젊은 사람들이 나서야 한다며, 우리 시대 젊은이들의 새로운 활약을 당부한다.

김동녕 글로벌 시대에 적응하기 위해서는 대한민국에만 머물러 있는 것이 아니라 세계로 나가 세계를 한국으로 끌어들여야 한다고 단언하는 김동녕 대표이사. 미래의 리더는 긍정의 리더십을 가진 사람만이 될 수 있으며, 어려울 때 사회에 나온 사람들이 보다 창의적이고 강한 의지를 갖고 있다고 말한다. 그는 또한 불황은 언젠가는 지나가듯, 우리 인생의 고난과 역경도 언젠가는 지나가고 새날이 오게 마련이라고 강조한다. 하지만 그냥 앉아서 새날을 기다리는 것이 아니라 새날을 위한 준비를 하라고 당부한다. 불황의 늪에서 위기를 돌파하는 방법은 무엇인지, 인생의 역경과 고난을 슬기롭게 헤쳐나가는 방법은 무엇인지 그의 이야기를 들어보자.

2008년 하반기에 불어닥친 세계 금융위기로 한국 경제 역시 위기 상황에 빠졌다. 1997년 외환위기에 버금가는 경제위기라는 얘기도 한다. 하지만 조금만 냉철하게 생각해보면 어려움은 늘 우리와 함께해왔음을 알 수 있다. 위기라는 건, 불황이라는 건 항상 지나고 나면 언제 그랬느냐는 듯 잊어버리기 쉽다. 하지만 그 당시에는 다들 너무나 힘든 시간을 보낼 수밖에 없었다.

우리나라가 경제 개발을 시작한 1960년대부터 현재까지 과연 우리가 얼마나 많은 위기를 겪어왔는지 살펴보겠다. 1960년대부터 현재까지 50년가량 흘렀는데, 50년은 사실 짧은 기간이라 할 수 있다. 물론 개인적으로 보면 긴 기간이지만, 국가의 입장에서 볼 때는 굉장히 짧은 기간이다.

이 짧은 기간 동안 우리는 세 차례의 위기를 맞이했다. 1979년 오일쇼크, 1997년 외환위기, 그리고 2009년 세계 금융위기.

불황도 언젠가는 지나간다

사실 1960년대는 굳이 불황이란 말을 쓰지 않아도 너무나 가난했기 때문에 1년 열두 달을 불황이나 마찬가지 상태에서 살았다. 지금 20대는 보릿고개란 말을 잘 모를 것이다. 보릿고개는 가을에 벼를 추수해 겨울을 지내고 봄이 되면 쌀이 뚝 떨어져 보리를 추수할 때까지 정말 아무것도 먹을 게 없던 막막한 시기를 말한다. 그럼 보릿고개 동안에는 뭘 먹고 살았을까? '초근목피로 겨우 끼니를 때우고 살았다.' 〈흥부전〉 같은 옛이야기에나 나오는 대목이 아니다. 초근목피란 풀뿌리와 나무껍질을 말한다. 먹을 게 없으니까 풀뿌리를 캐서 먹고, 나무껍질을 벗기면 나오는 하얀 걸 먹으며 배를 채웠다. 그게 우리나라 1960년대였다.

그 당시와 비교해보면 지금 우리 사회는 엄청나게 발전했다. 그럼 잠시 우리나라 경제 변화의 역사를 간단하게 살펴보자.

1960년대에는 경제개발 5개년 계획하에 수출을 장려했다. 그러나 1979년 오일쇼크 이후 산업구조의 경쟁력이 경공업에서 중공업으로 옮겨갔다.

1988년에는 88서울올림픽을 개최했다. 그리고 1997년 외환위기 이후 벤처산업이 등장했고 그 기술을 기반으로 오늘날 IT 강국이 되었다. 그때 당시 한국의 벤처 붐이 이뤄놓은 기술과 진취적인 생각이 지금까지 살아남아 우리 살림의 밑천이 되고 있다.

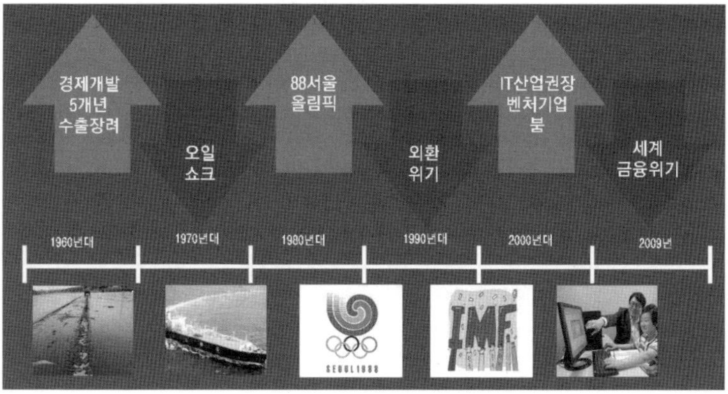

역경을 통해 새로운 시대 열려

더 나은 미래를 준비하기 위해서는 변화해야 한다

경제개발 5개년 계획의 중심은 수출 주도형 경제 발전 계획이었다. 그 당시 다른 나라들은 수출이라는 걸 그다지 중요하게 여기지 않았다. 그런데 우리나라는 수출만이 살길이라며 온 국력을 집중했다. 수출을 해서 달러를 벌어들여 부족한 농산물도 사고, 기름도 사고, 석탄도 사고, 다른 원자재를 샀다.

특히 가발산업이 호황을 이루었는데, 옛날에는 진짜 머리카락으로 가발을 만들었다. 엿장수가 리어카를 끌고 전국 방방곡곡을 누비면서 "머리카락 파세요, 머리카락 파세요"라고 소리를 높였다. 나중엔 나일론 같은 인조 재료로 만들었지만. 그렇게 가발을 만들어 팔면서 섬유산업을 일으켰고, 결국 섬유산업은 기간산업이 되어 우리나라 경제 발전의 원동력이 되었다. 오늘날 인도네시아나 베트남 같은 나라들이 섬유 수출에 전력투구하고 있는 것과 마찬가지다.

그러다가 1970년대 1, 2차 오일쇼크가 발생하면서 온 나라가 휘청거렸다. 이후 힘든 고비를 넘기고 경제 호황을 이루면서 88올림픽을 유치하기에 이른다. 그동안 달러가 부족해 애를 먹었는데, 이제는 달러가 넘쳐나 "달러를 어떻게 써야 되는가?"라는 얘기를 할 정도가 되었다. 그런데 갑자기 외환위기가 찾아왔다. 온 국민이 힘을 모아 외환위기를 슬기롭게 극복하고 나니 또다시 2008년부터 전 세계적인 금융위기가 시작되었다.

"이게 언제 끝날지 모르겠다"는 비관적인 얘기도 있고, "조만간에 끝나지 않겠느냐"는 낙관적인 얘기도 있다. 하지만 과거에 그래왔듯이 위기는 언젠가는 지나간다는 점을 염두에 두어야 한다. 우리가 보다 중요하게 생각해야 할 것은 위기 속에서 개인과 국가가 어떻게 준비하고 어떻게 변화하고 어떤 새로운 목표를 추구하느냐 하는 것이다. 다시 말해서 위기에 어떻게 대처하느냐가 결국 미래를 결정짓는다는 얘기다.

어떻게 극복해야 하나

1979년 오일쇼크 이전까지는 자리를 잡지 못해 국제적인 경쟁력이 없었다. 우리가 그동안 어떻게 위기를 극복해왔는지 살펴보자. 그 과정을 살펴봄으로써 앞으로 어떻게 대처해나가야 할지 방안을 모색할 수 있을 것이다. 오일쇼크 전까지만 해도 사실 우리나라는 가발산업, 의류산업 등을 위주로 하는 경공업 국가였다. 그러면서 한편으론 중공업을 준비했다. 그래서 자동차공장도 세우고, 조선소도 짓고, 석유화학공장과 비료공장도 세웠다.

그러다가 위기를 극복하는 방편으로 지금 식으로 말하면 구조조정을 했다. 어디는 없애고, 어디는 문 닫고, 어디는 합병하고 많은 조정을 했다. 이후 1988년 88서울올림픽을 개최하기 전까지 산업구조가 고도화되었다. 경공업 위주에서 경공업은 그대로 유지하면서 중공업 쪽으로 경쟁력이 옮겨가는 그런 아주 좋은 결과를 가져왔다.

외환위기 때는 어땠을까? 1997년 온 국민이 금 모으기 운동에 동참해 장롱 속에 넣어두었던 금붙이들을 가지고 나왔다. 당시에는 달러가 없어 사실상 국가 부도 상태였다. 이를 해결해줄 대안이 금이었다. 금은 달러랑 맞먹으니 금을 모아서 외채를 갚고 외환 보유고를 늘렸다.

그런데 그런 과정을 겪으면서 예전에는 없던 새로운 산업이 생겨났다. 바로 벤처산업이다. 수많은 벤처기업이 등장하고 무너지면서 많은 투자자들이 손해를 보기도 하고, 은행은 돈을 떼이기도 했다. 여러 가지 부정적인 측면도 많았지만 그 벤처기업들이 개발했던 기술을 기반으로 오늘날 우리는 IT 강국이 되었다.

한국은 세계에서 인터넷이 가장 발달한 국가다. 또한 세계에서 제일 뛰어난 게임산업을 가지고 있다. 그리고 쇼핑몰을 한번 보자(예스24도 결국은 전문 쇼핑몰이지만). 해외에 있는 아마존이나 이베이가 우리나라에 들어오긴 했으나 결국은 옥션이나 G마켓을 인수하는 방향으로 들어왔다. 일본의 경우 아마존이 넘버원 쇼핑몰이지만 우리는 스스로 인터넷 쇼핑몰들을 세웠다.

1997년 벤처 붐의 결과물이다. 당시 벤처 붐은 정부의 도움이 컸다. 정부가 그만큼 벤처 쪽을 시원스럽게 밀고 분위기를 그렇게 조성하지 않았으면 이렇게까지 되기는 힘들었을 것이다. 그래서 나는 당시 정부의 불황을 퇴치하는 산업정책을 지금도 굉장히 높이 평가하고, 사실 고맙게 생각한다.

지금은 벤처 붐이 많이 사그라들었지만 어쨌든 결과적으로 그때 벤처 붐이 이루어놓은 기술, 진취적인 생각이 아직도 살아남아서 상당한 살림 밑천이 되고 있다.

지금 현재 세계 금융위기를 뛰어넘기 위해 우리가 어떤 미래를 생각해야 하느냐, 이게 우리의 과제다. 위기는 언젠가 지나갈 것이다. 그러나 그때 상처투성이가 되어서는 안 된다. 지치고 나가떨어진 대한민국이 되어서는 안 된다. 겨우 한숨 돌리는 대한민국이 되어서도 안 된다. 우리는 이미 과거에 두 번의 큰 위기를 넘기면서 한 번은 경공업에서 중공업으로 산업을 고도화했고, 또 한 번은 벤처산업 붐을 일으켜서 오늘날 IT 강국이 되었다.

따라서 이번에도 새로운 산업, 새로운 경제 패러다임, 새로운 문화, 이런 것을 일으켜서 한 발짝 더 나아가는 대한민국이 되어야 한다. 그리고 분명 될 수 있다고 생각한다.

외환위기 이후에 새로운 벤처산업을 일으킨 주역은 20~30대들이었다. 아무래도 나이가 들면 새로운 변화에 둔감할 수밖에 없다. 새로운 변화에는 새로운 생각을 가진 젊은이들이 나서야 한다. 다각적으로 여러 가지 새로운 모색을 해서 이 위기를 슬기롭게 헤쳐나가야 한다. 그리고 지금보다 더 강하고, 더 살기 좋은 대한민국을 만들어야 한다.

YES! 긍정의 리더십을 가져라

YES! 예스24를 말하는 게 아니고 YES, 즉 긍정이다. 긍정의 힘이 우리를 위기 속에서 빠져나오게 만든다. 그리고 단순히 빠져나오는 것만으로는 충분하지 않다. 새로운 세계로 나아가야 한다. 외환위기 이전과 이후를 생각해보자. 대한민국 경제는 완전히 새롭게 변모했다. 긍정의 힘이 크게 작용했기 때문이다. 결국 20대 젊은이들이 앞으로 긍정의 리더십을 발휘해야 한다는 얘기다.

1972년 나는 28세의 나이로 한세통상이라는 의류 수출 회사를 세웠다. 미국에서 2년 동안 MBA 과정을 마치고 돌아오자마자 회사를 세웠는데, 1979년 오일쇼크를 이기지 못하고 회사가 부도가 났다. 의욕은 앞섰는데 경험이 부족했던 탓이다. 그리고 3년 뒤 지금 하고 있는 한세실업을 창업했다. 3년 동안 정리할 거 정리하고, 여러 가지 일을 하면서 와신상담하다 1982년에 다시 창업한 것이다. 1982년에 창업을 했으니 20년이 훌쩍 지났다. 긴 세월 동안 여러 가지 변화가 있었다.

한세실업은 의류 전문 수출 회사다. 1988년부터 해외 생산을 시작해서 지금은 샘플을 제외하고는 100퍼센트 해외에서 생산하고 있다. 원부자재는 과거에는 100퍼센트 한국에서 가져갔는데, 조금씩 비중이 줄어들어 지금은 50퍼센트 정도는 한국에서 가져가고, 나머지 50퍼센트는 중국이나 제3국에서 가져가고 있다. 의류를 수출하는 회사로서는 비교적 규모가 큰 회사라고 볼 수 있다. 아시아 지역에 있는 의류 전문 수출 회사 중에서 몇 손가락 안에 꼽힐 정도다.

2008년에는 6억 달러 조금 넘게 수출했다. 원화로 따지면 한 6,600억 원 정도다. 경제 위기 상황인데도 2009년 1사분기는 작년 1사분기에 비해서 10퍼센트 정도 매출이 늘어났다. 2사분기 주문도 거의 결정이 됐는데 전년 대비 달러 베이스 10퍼센트가량 늘어날 것 같다. 그런데 원화 가치가 워낙 절하되어서 2009년에는 8,000억 원 정도의 매출을 예상한다.

한세실업 광고

외환위기가 끝난 뒤 부동산 가격이 폭락하는 바람에 테헤란로에 빌딩이 거저 굴러다닐 정도였다. 그렇게 해서 일부 기업들은 좋은 부동산들을 많이 사들여 그것이 나중에 큰돈이 되기도 했다. 또 일부는 기업을 사들이기 시작했다. 그 당시 많은 기업들이 무너져 법정관리를 받는 기업들이 굉장히 많았다. 지금도 그 상황에서 벗어나지 못하고 있는 기업들이 있다. 그 기업들이 M&A 대상이 되었다.

그래서 한세실업도 법정관리 기업들 중에서 의류 관련 기업들을 인수하기 위해 3년 가까이 쌍방울도 쫓아다니고 세계물산, 신성통상 등도 열심히 쫓아다녔지만 성사가 되지 못했다. 같은 의류업체를 인수하는 것이 자연스럽고, 대체적으로 시장과 정부도 호의적이었는데 인연이 아니었던 것 같다.

그러는 와중에 예스24를 인수하게 되었다. 의류 관련 기업 인수에 나서면서 혹시나 싶어 인터넷 기업들에 대해 공부를 하고 있었다. 큰 포털은 엄두를 못 내니까 작은 포털들부터 공부를 하고, 쇼핑몰 쪽에서는 예스24를 관심 있게 봐두었다. 뭐 특별한 이유 없이 그냥 공부를 해둔 것이었다. 그런데 2003년 3월 예스24가 매물로 나왔고 2003년 5월에 전격 인수했다.

당시 예스24는 적자를 많이 내기는 했어도 그쪽 분야에서 1위 기업이었고, 그전 해에 2위 기업인 와우하고 합병까지 한 기업이니 사실상 탄탄한 기업이었다.

그러니까 그냥 둬도 저절로 잘될 것 같다는 생각이 들었다. 오전에는 한세실업 사무실에서 업무를 본 뒤 오후 3시쯤 예스24로 가서 두세 시간 앉아 있다가 6, 7시에 퇴근하고 가끔 직원들하고 밥도 먹었다. 그렇게 한 1년 지나니까 적자 기업이 흑자 기업이 되었다. 그런데 흑자가 난다는 걸 아무도 믿지 않았다. 심지어 흑자가 났다고 얘기해도 믿어주질 않았다.

일단 증자를 해서 그동안 예스24에 쌓여 있던 부채를 어느 정도 청산한 다음에 직원들한테 "이제부터는 돈을 벌어야 한다. 시장점유율도 좋지만 일단 돈을 벌어야 먹고살고, 서버도 새로운 걸로 사고, 시스템도 새로운 걸로 대체할 것 아니냐? 일단 돈을 벌자. 시장점유율을 늘리든 줄이든 그건 그다음 일이다. 그럼 돈을 벌려면 어떻게 했으면 좋겠냐?"는 화두를 던졌다. 워낙 조직원들이 우수한 사람들이어서 목표를 바꿔주니까 1년 만에 목표를 달성할 수 있었다.

예스24 같은 경우, 전형적인 박리다매 유통이다. 만 원짜리 책 한 권을 팔아 200원, 즉 2퍼센트 남기는 게 현재의 목표다. 2008년 한 해 동안 2,500만 권을 팔았으니 이제 이익이 나고 있다. 그런 박리다매에서 물류비용은 굉장히 중요한 부분이다.

그런데 예스24를 인수할 당시 물류회사가 독립되어 있는 상태였다. 모회사하고 자회사 간에 한 건당 9퍼센트를 주는 계약이었다. 3,000원짜리 주문이면 2,700원을 주고 4,000원짜리 주문이면 3,600원을 주는 식이었는데 자세히 들여다보니 11퍼센트 정도가 물류비용으로 나갔다. 그러니 물류회사 역시 적자가 쌓여 있었다. 박스 사는 비용, 테이프 사는 비용, 인건비, 택배회사한테 주는 비용 등으로 11퍼센트가 들어간 것이었다.

그래서 고심 끝에 수원에 있던 물류회사를 파주로 옮겼다. 또한 외국에서 개발한 WMSWarehouse Management System(창고 관리 시스템)라는 새로운 물류 시스템을 도입했다. 단지 어려움이 지나가기를 쭈그리고 앉아서 기다린 것이 아니라 무엇인가 새롭게 바꾸기 위해 직원들이 많은 준비를 한 것이었다.

우리가 이 업계 최초로 WMS를 도입하면서 PDA를 도입했다. 그다음에 DASDigital Assort System(디지털 분리 시스템)라는 서버 시스템을 도입했다. 새로운 시스템을 다 뭉쳐서 새로운 쪽으로 가져간 것이다. 그런 노력으로 물류비용이 8퍼센트 미만으로 떨어지기도 했다. 그래서 3퍼센트 이상 물류비용이 절감되었다. 옛날에는 만 원어치 팔아서 겨우 50원 번 것도 좋아라 만세를 불렀다. 그런데 3퍼센트나 절감되었으니 굉장한 결과였다.

사실 수원에서 파주로 옮겨간 것은 울며 겨자 먹기 식이었다. 창고를 옮기면 한 일주일간 장사를 못한다. 옮겨가는 동안 배송을 못하기 때문이다. 창고를 옮기면서 손해 본 회사들이 많다. 그런데 그 당시 노력 덕분에 지금은 책 한 권에 2퍼센트의 수익을 올릴 수 있게 되었다.

대한민국은 너무 좁다, 세계를 한국으로 끌어들이자

지금은 모든 것이 세계화되는 시대다. 그렇다면 우리는 어떻게 살아가야 할 것인가. 한마디로 대한민국은 너무 좁다. 좁은 시장에서 치열하게 경쟁하다보니 출혈이 심하다. 그런데 남는 것은 별로 없다. 이런 문제를 해결하려면 세계를 한국으로 끌어들여야 한다.

그리고 글로벌 사회에 적응해 세계인이 되어야 한다. 넓은 세계로 나아가야 한다는 얘기다. 그럼으로써 우리 경제, 우리 사회는 한 단계 더 격상할 수 있다. 글로벌을 위한 다음 다섯 가지 자세를 제안한다.

첫째, 영어에 너무 매달리지 말자

요즘 젊은이들은 다들 영어에 목을 매는 것 같다. 물론 세계로 나아가려면 영어가 필수인 건 사실이지만, 나는 영어 너무 잘하려고 애쓰지 말라고 말하고 싶다. 영어를 유창하게 잘하는 것보다 더 중요한 것은 내용이다. 모든 일에는 말보다는 내용이 중요하다. 어떻게 하면 자신이 말하고자 하는 바를 정확히 전달할 수 있을지를 고민하라. 사실 중고등학교 때 배운 영어로도 막상 부딪치면 다 하게 되어 있다. 나 역시 영어에 자신이 없지만 영어 때문에 일을 그르친 적은 없다. 다시 한 번 강조하지만 너무 영어 걱정하지 마라.

둘째, 다른 나라 문화를 존중하자

지금도 그런 경향이 완전히 없어진 건 아니지만, 한동안 우리나라 사람들이 동남아시아나 중국 같은 데 가서 그 사람들이 우리보다 못산다고 함부로 행동하는 경우가 많았다. 사실 우리도 얼마 전까지는 못살았다. 그러나 국민적인 자존심을 버려본 적은 없다. 그때도 우리는 유구한 역사를 지닌 문화 민족이라고 생각하고 언제든지 우리가 잘살 수 있다는 자신감을 가졌다. 다른 나라 사람들 역시 마찬가지라고 생각해야 한다.

셋째, 그 나라 사람들과 자주 어울려라

세계로 나가면 그 나라 사람들과 자주 어울려야 한다. 스킨십이 중요하다. 그런데 우리나라 사람들은 어디를 가든 한국 사람들끼리만 어울리는 경향이 강하다. 유학을 가도 한국 사람들끼리만 어울리고, 여행을 가도 한국 사람들끼리만 어울리고. 그렇게 해서는 결코 많은 것을 보고 배울 수 없다.

넷째, 그 나라 음식을 즐겨라

한국 음식 며칠 안 먹는다고 도저히 못 견디는 것도 아닌데, 우리나라 사람들은 외국 나가면 다들 김치, 라면, 된장찌개 등을 찾는다. 단체 관광 코스에도 꼭 한국 식당이 낀다. 외국에 나가면 그 나라 음식을 먹어봐야 그 나라 문화와 생활을 접할 수 있다.

다섯째, 외국어는 잘 못해도 전혀 못하는 것보다 낫다

다른 나라 언어를 간단하게라도 알아두라고 말하고 싶다. 사실 외국어를 잘하기란 너무 힘들다. 10년이 넘게 공부를 해도 잘 안 되는 게 외국어다. 그런데도 나는 하루에 하다못해 30분씩이라도 혼자서 베트남어 공부를 한다. 1년에 10번씩 베트남에 출장을 가기 때문이다. 그렇게 한 10년을 했는데도 여전히 썩 잘하지는 못한다. 그래도 중요한 건 잘 못해도 전혀 못하는 것보다는 훨씬 낫다는 것이다. 그 나라 말 열 마디, 스무 마디밖에 못해도 전혀 못하는 것하고는 하늘과 땅 차이라는 얘기다. 열 마디, 스무 마디만 있으면 손짓 발짓하면 통할 수 있지만 한 마디도 못하면 전혀 통하질 않는다. 그러면 언제 찾아올지 모르는 좋은 기회를 놓치게 될 수도 있다.

지리적 영토는 넓힐 수 없다. 하지만 경제적 영토는 넓힐 수 있다. 그 선봉장이 될 사람들이 바로 여러분이다. 어려운 시기라고 하지만, 어려운 시기에 사회에 나온 젊은이들은 그만큼 열악한 조건에서 시작하기 때문에 경쟁력이 훨씬 강하다. 또 그만큼 노하우도 더 쌓을 수 있기 때문에 시시각각으로 변하는 불확실한 미래에 대처할 수 있는 능력도 뛰어나다. 위기를 잘 헤쳐나간 젊은이들은 앞으로 보다 창의적이고 강한 의지를 가지고 미래의 훌륭한 리더가 될 수 있을 것이다.

그러기 위해서는 무엇보다도 긍정적인 마인드가 필요하다. 물론 긍정적인 마인드는 하루아침에 길러지는 것은 아니다. 그렇다고 거창한 것도 아니다. 그것은 자신에 대한 확신에서 나온다. 어떤 사람이든 자신이 잘했던 기억만 있는 사람은 없다. 또 잘못했던 기억만 있는 사람도 없다. 자신이 잘못했던 기억보다는 잘했던 기억을 계속 떠올리며 그때의 확신과 자신감을 잊지 말기 바란다. 자기 확신은 거기서 비롯되며, 긍정적인 마인드 또한 그곳에서 비롯된다.

실패는 누구나 할 수 있다. 다만, 실패했을 때 그 쓰라린 경험을 어떻게 받아들이는가가 관건이다. 긍정적인 마인드를 가진 사람과 그렇지 못한 사람, 성공하는 사람과 실패하는 사람의 차이는 그 아픔을 얼마나 빨리 딛고 일어설 수 있는가이다. 나 역시 쓰라린 실패의 경험이 있다. 하지만 인간 김동녕은 절대로 망하지 않았다고 생각했기에 재기할 수 있었다.

그리고 마지막으로 긍정적인 마인드를 가지는 데 가장 중요한 것은 "다른 사람들이 잘 안 하고 자신이 강점을 가진 것부터 시작하라"는 것이다. 이것은 비즈니스의 원칙이기도 하다. 사람이든 비즈니스든 한 사람이 한 기업이 모든 것을 잘할 수는 없다.

내가 잘할 수 있는 게 있는데 굳이 다른 사람이 잘하는 것을 탐할 필요는 없다. 축구를 잘하는 박지성 선수가 수영을 잘하는 박태환 선수가 되려고 하는 것만큼 어리석은 것도 없지 않은가. 내가 잘하는 것을 열심히 하다보면 자신감이 넘치고, 그만큼 성공을 가져올 가능성도 높다. 그러다 보면 매사를 긍정적으로 생각하게 된다. 무슨 일이든 해보지 않는 것보다는 긍정적인 마인드로 적극적으로 달려들어 해보았을 때, 그 결과는 비교할 수 없을 만큼 엄청난 차이라는 것을 꼭 기억하기 바란다.

| 김동녕의 경영철학 |

'한 걸음 늦게 가자.' 남들에게 뒤처져서 가자는 의미가 아니라 현재 생각하고 있는 자신의 능력보다 한 걸음 늦게 가자는 이야기다. 개인도 그렇고, 회사도 그렇고, 열심히 하다보면 조급증이 생기게 마련이다. 어떤 일을 추진하다보면 빨리 결론을 보고 싶어서 '빨리빨리'를 외치게 되는데, 이는 결국 실패로 이어질 확률이 높다. 자신의 능력을 냉정하게 보고 그 일을 충분히 잘할 수 있는 역량이 생길 때까지 시간을 가져야 한다. 그래야 좋은 성과도 낼 수 있다.

CEO 생생토크

1_ 한세실업과 예스24는 전혀 다른 일이라고 할 수 있는데요, 새로운 일을 시작하는 데 대한 어려움과 두려움은 없으셨는지요?

지금은 웃으면서 담담하게 이야기하지만 초기엔 저도 많이 힘들었습니다. 당시 한세실업은 여의도에, 예스24는 양재동에 사무실이 있었습니다. 아침에는 한세실업에 출근해 일하다가 점심을 먹고 예스24로 건너가서 다시 일하다가 퇴근했습니다. 여의도에서 양재동으로 건너가는 시간 동안 오프라인 마인드를 온라인 마인드로 바꾸기 위해 굉장히 노력했습니다. 온라인 서점이기 때문에 IT 관련 일이나 용어는 무조건 익혔는데, 모를 때는 직원들한테 물어보았습니다. 이렇게 직원들과 소통해나가며 당시 적자에 시달리던 회사를 흑자 회사로 만든 것이죠.

무슨 일이든 자신이 해보지 않은 일을 할 때는 어려움과 두려움이 더 크게 마련입니다. 하지만 그 어려움의 원인이 어디에 있는지 열심히 연구해서 찾아내고 하나하나 실천에 옮기다보면 어느새 성공적인 상황으로 변하게 마련이죠. 그러니 두려워하지 말고 새로운 일에 과감히 도전해야 합니다.

2_ 어려운 위기 상황에 취업을 준비하는 젊은이들이나 새로운 도약을 준비하고 있는 사람들에게 필요한 것은 무엇이라고 생각합니까?

눈높이를 조금 더 낮추는 것이 좋지 않겠느냐는 생각이 듭니다. 미래에 어떻게 변할지, 어떤 인생을 살게 될지 누구도 장담할 수 없습니다. 다른 사람들로부터 "왜 저런 직장에 들어갔을까? 좀 더 나은 데도 있을 텐데"라는 말을 듣는 사람이 나중에 훨씬 잘된 경우도 많습니다. 그래서 좀 눈높이를 낮추면 직장 구하기가 보다 쉽지 않을까요? '미래를 내가 개척한다. 내가 잘해서 내 회사를 키운다'라는 자세가 필요하다고 봅니다.

3_ 아마존도 그렇고 예스24도 그렇고 사실 인터넷 서점 개념은 이제 없어졌다고 생각합니다. 왜냐하면 도서 판매 매출액보다 음반이나 영화, 공연 티켓 판매가 더 매출이 높은 걸로 알고 있습니다. 그러니 차라리 문화 쇼핑몰이라고 하는 편이 낫지 않을까요?

아마존하고 예스24는 지향하는 바가 많이 다릅니다. 사실 아마존은 서점으로 시작해서 지금은 종합 쇼핑몰이 된 거죠. 쉽게 얘기하면 아마존은 인터파크가 된 겁니다. 인터파크는 우리처럼 서점 역할도 하지만 일반적인 쇼핑몰의 비중이 압도적으로 크죠. 반면 예스24는 인터넷 서점이라는 데 훨씬 많은 애착을 가지고 있습니다. 우리는 책, CD, DVD, 영화나 공연 티켓, 온라인 강의, 전자책 등 문화상품 쪽으로 한정하려고 합니다. 그런 점에서 볼 때 문화 포털이라는 의미를 지니고 있다고 할 수 있습니다.

슈퍼 휴먼이 되어라

21세기 슈퍼 인재가 되는 비법

유순신 유앤파트너즈 대표이사

1987 대한항공 승무원

1982 Framatome Export, Administrator

1989 NCH Korea Ltd. Sales Manager

2001 (주)유니코써어치 CEO

2003 유앤파트너즈 CEO & 대표이사

국내 여성 헤드헌터 1호

경력 컨설팅 전문회사 유앤파트너즈의 유순신 대표이사는 한국 여성 헤드헌터 1호이다. 헤드헌팅이 환영받지 못하던 시기에 과감하게 헤드헌터에 도전해 현재는 500대 기업 안에 드는 다국적 기업과 국내 대기업 및 우량 중소기업, 일류 벤처기업의 임직원뿐만 아니라 공공기관 이사장 채용 등 대형 프로젝트를 성공시켜 업계의 주목을 한 몸에 받고 있다. 항공기 승무원으로의 삶에 안주하지 않고 열정적인 삶을 위해 도전에 도전을 거듭한 유순신. 그간의 경험을 밑바탕으로 삼아 이제 고급 인재 추천 서비스의 전문가, 여성 CEO의 대명사가 되었다.

21세기가 원하는 인재가 되는 비법

21세기의 인재는 기업의 핵심전략이며 기업을 강하게 하는 근본적인 힘이다. 따라서 역량 있는 인재가 기업 최대의 자산이 되었다. 국가 간의 벽이 무너지고 다양한 분야에서 지금 글로벌 기업들은 기업의 미래를 이끌어갈 인재를 확보하기 위해 소리 없는 전쟁을 치르고 있다. 21세기 기업은 역경과 도전을 극복한 적극적이고 전투적인 인재를 원한다. 또한 지식, 사회성, 감성, 도덕성을 모두 지닌 슈퍼 휴먼을 원한다. 학력, 나이, 인종, 성별의 기준이 파괴되고 미래지향적인 인재가 각광받는 시대다. 고급 두뇌를 사냥하는 유순신 대표이사가 말하는 슈퍼 휴먼이 되는 비법은 무엇일까?

멋진 인터뷰를 하는 비법

면접은 취업의 성패를 결정하는 마지막 관문이다. 심층면접, 압박면접, 합숙면접 등 점점 고난이도의 면접으로 변해가고 있는 지금, 과연 어떻게 해야 성공적인 면접을 볼 수 있을까? 성공적인 인터뷰를 위한 비법과 첫 직장을 선택할 때 갖춰야 할 자세 등을 살펴본다.

유순신 국내 여성 헤드헌터 제1호 유순신 대표이사. 글로벌 인재 확보 전쟁시대를 일찌감치 예견한 그는 국내외 500개 기업의 고급 인재를 추천하는 것을 시작으로 인사 컨설팅, 채용 대행 업무에 이르기까지 사업 영역을 확장시켜 나가고 있다. 헤드헌터란 직업이 낯설던 1990년대 초, 이 분야로 과감히 뛰어들어 오늘날 이 업계에서 독보적인 위치에 오르게 된 것도 과거보다는 미래를, 안주보다는 개척을 택한 그의 열정 때문일 것이다. 고급 두뇌 사냥꾼 유순신, 그가 말하는 진짜 인재는 어떤 사람일까? 지금부터 진짜 인재, 슈퍼 휴먼이 되는 방법에 대해 들어보자.

바야흐로 인재 전쟁의 시대다. 지식 정보화 산업시대에는 유능한 인재가 기업의 핵심 경쟁력이기 때문이다. 예전에 어느 기업가는 세상은 넓고 할 일은 많다고 했지만, 요즘 같으면 할 일은 많은데 쓸 만한 사람이 없다고 했을지도 모르겠다.

사실 밖에 나가보면 인재들이 넘쳐난다. 그런데도 기업에서는 쓸 만한 사람이 없다고 걱정을 한다. 그래서 헤드헌팅 회사인 우리 회사 역시 걱정을 한다. 정말 똑똑한 사람이 누구이고, 기업체가 원하는 인재는 어떤 사람인가.

인재에 대한 정의는 다양하지만 많은 기업들이 가장 중심적으로 얘기하는 것은 "인재는 기업을 강하게 하는 힘"이라는 점이다. 예전에는 백그라운드도 좋고, 무난한 사윗감이나 며느릿감으로 내세울 만하면 인재로서 인정해줬다. 그런데 요즘은 그런 사람보다도 전투사를 원한다. 그러다 보니 다들 의욕적이고 적극적인 사람을 찾는다. 심지어 톰 피터스는 "좋은 인재가 필요 없다. 여러 가지 역경과 도전을 극복한 그런 적극적인 인재가 필요하다"라고 말한다.

디지털 시대의 인재상

최근 인재를 바라보는 또 다른 추세는 글로벌 인재를 찾는다는 점이다. 그 결과 전 세계에서 총성 없는 전쟁이 일어나고 있다. 인재 전쟁이다. 국가 간의 벽이 무너지면서 유능한 인재들을 서로 빼앗고 뺏기는 상황이 벌어지고 있다.

우리나라 역시 마찬가지다. 특히 금융권에는 노란 머리에 파란 눈을 가진 이들이 많다. 스포츠계에도 많이 들어와 있다. 앞으로는 금융권과 스포츠계뿐만 아니라 여러 분야에서 인재 쟁탈전이 벌어질 것이다. 전 세계적인 CEO들의 인재에 대한 어록을 한번 살펴보자.

GE의 잭 웰치 회장은 "내게 주어진 시간의 75퍼센트를 인재를 평가하고 선발하고 여러 가지를 보상하는 데 쓴다"라고 했다. 요즘 한창 뜨는 구글의 에릭 슈미트 회장은 "한 사람의 훌륭한 인재가 보통 사람, 평범한 인재의 300배의 가치를 창출한다"라고 했다. 이 얼마나 무서운 얘기인가. 그리고 빌 게이츠는 "마이크로소프트가 요새 잘나가는 것은 창업한, 본인과 20명의 미친 사람들이 있기 때문"이라고 얘기했다. 마쓰시다의 고노스케 사장은 "제품을 만드는 회사가 아니라 인재를 만드는, 사람을 만드는 회사다"

라고까지 얘기했다.

이번에는 우리나라 CEO들의 말을 들어보자. 조정남 SK텔레콤 부회장은 42년 동안 직장생활을 했는데, 그는 "부하직원을 키우는 것이 CEO의 덕목이다"라고 말했다. 우리나라에서 가장 많은 인재를 갖고 있다고 할 수 있는 삼성의 이건희 회장은 "나는 아직도 인재에 배가 고프다"라고 말했다.

이처럼 사람에 대한 관심도가 과거 어느 때보다 높아지고 있다. 그래서 예전에는 고급 인재들, 경력자만 스카우트했는데 요즘은 유능한 신입사원들을 채용하기 위해 적극적으로 나서고 있다. STX의 경우, 창업한 지 불과 7년 정도밖에 안 되었는데도 2012년에 매출을 50조 원으로 늘리겠다고 얘기했다. STX 강덕수 회장은 글로벌 인재를 찾으러 직접 나선다. 왜? 내가 쓸 인재는 내 손으로 뽑겠다는 의도다. 요즘 글로벌 기업으로서 여러 회사를 합병·인수하기에 바쁜 두산 박용현 회장은 채용설명회에 직접 나간다. 왜 이렇게 회장들이 신입사원을 채용할 때부터 몸소 나서는 것일까? 신입사원 채용은 단순히 사원을 뽑는 게 아니라 앞으로 회사를 짊어지고 나갈 경영자를 뽑는 일이라고 생각하기 때문이다.

이번에는 우리나라 기업 인재들의 경쟁력을 한번 살펴보자. 여러 가지 동종 업계 선진 기업을 100으로 보고 상대 비교를 해보면 우리나라의 인재 역량은 불과 75.8퍼센트밖에 안 된다. 참고로 인재 활용도는 84.3퍼센트, 선발 육성 능력은 66.4퍼센트이다.

그러다 보니 글로벌 기업들이 우리나라에서 인재 찾기가 하늘의 별 따기라고 한다. 아니, 우리나라 사람들이, 우리나라 젊은이들이 뭐가 부족해서 그러겠나?

그것은 다음 표를 보면 쉽게 이해할 수 있을 것이다.

FT가 선정한 세계 500대 기업에 우리나라는 고작 5개밖에 안 들어간다. 삼성전자, 포스코, 현대중공업, 신한금융지주, 한국전력공사다. 그러다 보니 글로벌 영향 면에서 굉장히 떨어진다. 그런데 우리나라의 발전 속도는 인터넷과 더불어서 상당히 빠르게 갈 것이므로 이 숫자는 앞으로 훨씬 늘어날 것이다.

그러면 요즘과 같은 글로벌 시대에, 디지털 시대가 요구하는 인재상은 어떤 사람을 얘기하는가. 몇 년 전에 금융권의 한 사장님과 미팅을 한 적이 있다. 월가의 고급 인재들을 스카우트해달라는 요청이었다. 마케팅, 리스크, 플래닝 세 분야의 내로라할 만한 인재들이 필요하다는 얘기였다.

그래서 가방 하나 달랑 들고 뉴욕 시장에 갔다. 뉴욕은 전 세계의 돈과 인재가 모이는 곳이다. 우리나라에서 일할 인재니까 한국말을 구사할 수 있는 재미교포를 중심으로 골드먼삭스, 모건스탠리, 리먼브러더스에 근무하는 사람들을 상대로 인터뷰를 했다. 그런데 인터뷰를 하면서 굉장히 재미있는 사실을 알게 되었다.

대개 인터뷰 때 "당신의 일과 라이프스타일에 대해서 얘기를 해봐라"는 질문을 많이 한다. 대부분의 대답이 아침 7시에 출근해서 저녁 7시에 퇴근을 한다는 것이었다. 하루에 12시간 일하면 너무 업무 시간이 길지 않느냐고 물었더니 "It's natural, 당연히 12시간 일한다"는 대답이 돌아왔다. 그리고 점심은 간단한 패스트푸드로 때우고 저녁에는 화학회사, 패션회사, IT 회사, 제조회사 사람들을

FT 선정 세계 500대 기업

세계 최대 기업 분포도

숫자는 기업 수
출처 : 파이낸셜 타임스 2008년 1분기

단위: 억 달러

순위	기업명	국적	Marketvalue
1	액손모빌	미국	452.505
2	Petro China	중국	423.996
3	GE	미국	369.569
4	가즈프롬	러시아	299.764
5	China Mobile	홍콩	298.093
6	중국공상은행	중국	277.235
7	MicroSoft	미국	264.131
8	AT&T	미국	231.268
9	Royal Dutch Shell	영국	220.110
10	Procter & Gamble	미국	215.640
11	Wall Mart Stores	미국	210.973
12	Petrobras	브라질	208.390
13	Berkshire Hathaway	미국	206.924
14	Nestle	스위스	197.215
15	HSBC	영국	195.767
58	삼성전자	한국	102.945
198	포스코	한국	41.905
319	현대중공업	한국	26432
445	신한금융지주	한국	20923
493	한국전력공사	한국	19467

만난다고 한다. 금융 쪽인데 왜 다른 업종 사람들을 만나느냐고 물었더니 다음과 같이 답했다.

"첫 번째로 금융 쪽은 리얼 인포메이션이 중요한데 그런 사람들하고 얘기를 하다보면 투자하는 데 필요한 정확한 정보를 얻을 수 있다. 두 번째는 금융 쪽에 사고가 국한되므로 다른 쪽 사람들을 만나면 사고의 폭도 넓어지고 인맥 네트워킹을 할 수 있다."

그리고 일주일 중 5일 동안은 개미처럼 일하고 이틀은 완전히 비워버린다고 한다. 마치 컴퓨터에 오래된 파일을 비워버리듯이 완전하게 휴지통을 비워버리는 것이다. 주말에 일해 실적을 높이면 인센티브도 더 많이 받지 않느냐는 질문에 의외의 답변이 돌아왔다.

"너무 열심히 일만 하는 사람은 성공하지 못한다. 이틀 정도는 확실하게 재충전을 해야 길게 간다."

순간 굉장히 무서운 사람들이란 생각이 들었다. 그래서 한국에 오겠느냐 물어봤더니 그 즉시 "Why not?"이란 대답이 돌아왔다. 한국은 변화의 한가운데에 있는 시장이니 그쪽에 가서 3년이나 5년 정도 열심히 일하다가 다시 뉴욕으로 돌아가면 본인의 몸값이 두 배, 세 배 뛸 것이라는 얘기다.

이 사람들은 항상 미리 준비한다. 글로벌 시대의 인재들은 정보를 수집하고 활용하는 노력을 기울인다. 대인 네트워킹을 하고 굉장히 빠르게 결정을 내린다. 한국에 오겠느냐 그랬을 때 'Yes'와 'No'를 곧바로 대답했다. 그건 하나의 용기인데, 결정을 마치 빌 게이츠의 '생각의 속도'처럼 빨리 하는 것 같았다. 뜨거운 물에 손을 넣으면 '앗, 뜨거워!' 하고 얼른 손을 올리는 것처럼 한순간에 자신의 의사를 결정한다. 그리고 스스로가 회사의 주인이라고 생각한다. 본인의 가장 좋은 커리어를 위해 스스로 옮겨다니는 것이다. 그러면서 끊임없이 자신을 업그레이드하는 이런 사람들이 요즘 말하는 글로벌 시대의 인재상이라고 할 수 있다.

모든 것이 파괴되는 시대다

요즘 기업에서 원하는 인재상은 슈퍼 휴먼이다. 모든 걸 갖춰야 한다. 머릿속에는 많은 지식이 들어 있어야 하고, 그 지식을 꺼내서 쓸 수 있는 여러 가지 사회적인 네트워킹 또한 갖추어야 한다. 그리고 도덕성도 요구한다. 그러면서 감성적인 지능까지 탁월해야 한다.

요즘 우리나라에서 돈 잘 버는 비즈니스는 다들 소프트하다. 감성을 자극하는 영화, 애니메이션 산업이 대표적이다. 최근 들어 건설회사에서 여성들을 많이 채용하는 이유 역시 마찬가지다. 여성들이 감성이 풍부하고 구매력이 있기 때문이다. 요즘 아파트는 라이프스타일이다. 예전처럼 지어놓으면 팔리는 시대가 아니라는 얘기다.

한마디로 IQ, EQ, SQ, MQ, CQ 모든 걸 갖춘 슈퍼 휴먼을 원하는데, 그러다 보니 이런 사람 구하기가 쉽지 않은 것이다.

학력도 파괴된다. 대학 안 나와도 회사에 취업할 수 있는 사람이 있는 반면, 박사학위가 있어도 취업을 못하는 사람도 있다. 나이도 파괴된다. 요즘은 인터뷰할 때 몇 살이냐고 안 물어본다. 인종 역시 파괴된다. 그러다 보니 고급 두뇌들이 선진 세계에서 막

넘어온다. 대신 우리나라 사람들이 하기 싫은 3D 업종은 제3세계 사람들의 몫이다. 성별 또한 파괴된다. 따라서 취업을 원한다면 항상 제로 베이스에서 시작해야 한다. 옛날에 내가 어땠는데 이게 아니란 얘기다. 앞을 봐야 한다. 미래가 중요하다.

기업체의 핵심인재 선별 기준은 무엇일까

1년간 지속된 기업 사냥꾼 칼 아이칸과의 전쟁에서 패한 모토로라가 2008년 4월 초 아이칸의 요구대로 휴대전화 사업부를 분사하기로 결정했다. 그리고 한때 모토로라의 위상을 드높여준 일등공신이었지만 이제는 애물단지로 전락한 휴대전화 사업부를 이끌어줄 새로운 CEO를 영입하겠다고 밝혔다. 그리고 《포천》 온라인판에는 2008년 4월 14일 모토로라 휴대전화 사업부 CEO 물망에 오른 8명의 인물들이 소개되었다.

기업체들은 사업이 잘 안 되면 제일 먼저 새로운 경영자부터 물색한다. 모토로라도 다국적 기업이다보니 한 군데에서만 사람을 찾진 않는다. 전 세계적으로 모토로라를 다시 회생시킬 만한 경영자를 찾는다.

자, 그러면 어떻게 찾는가. 굉장히 여러 단계를 거친다. 보통 모토로라처럼 다국적 기업의 사장을 찾을 때는 한 7개월 정도 걸린다. 요즘 젊은 사람들이 가장 선호하는 구글은 한 사람을 뽑기 위해 열일곱 번의 인터뷰를 한다. 열일곱 명의 사인이 있어야 최종

결정이 나는 것이다. 국내에서는 대개 신입사원 면접할 때 7차례 정도 한다. 예전에는 굉장히 빨리 끝났다. 세 번 정도. 그런데 갈수록 인터뷰 단계가 늘어나는 추세다.

기업체에서 사장을 찾을 때는 추진력이 있는 사람이냐, 아니면 구조조정 단계에 필요한 사람이냐, 아니면 회사가 잘되니까 인맥 관리를 잘할 수 있는 사람이냐 이런 것을 따진다. 그런 다음 전체적인 지도를 짠다. 모토로라는 휴대전화를 파는 텔레커뮤니케이션 회사이므로 IT와 관계가 있다. 그리고 소비자하고도 관계가 있다.

그러면 모토로라하고 가장 근접한 IBM, 삼성전자, LG전자, 노키아와 같은 회사들이 1번군에 속한다. 2번군은 소비자하고 많이 상대를 하기 때문에 P&G, 네슬레, 코카콜라 이런 쪽의 사람들이다. 3번군은 그룹과는 전혀 상관없다. IT나 소비자와 상관없이 리더십을 발휘하면서 회사 경영을 잘했던 경영자가 대상이다.

이렇게 세 가지로 나눠서 100명 정도부터 시작한 뒤 이 100명을 50명으로 자르고, 50명을 25명으로 또 자르고, 25명을 인터뷰를 해서 3명 정도 뽑아서 회사에 보낸다. 3명 중에서 선택되면 다행이지만, 그렇지 않은 경우도 상당히 많다. 인터뷰를 진행하다 보면 여러 가지 상황들이 변하기 때문이다. 여러 가지 단계를 거쳐 대상자를 뽑는데 짧게는 3개월 길게는 1년까지 걸리고, 어떤 때는 전혀 못 찾는 경우도 있다.

그렇다면 과연 사람을 어떻게 평가하는 것일까. 회사에 따라 다르지만 나름의 툴이 있다.

내가 이 일을 한 지 17년이 되었는데, 1997년의 일이다. 당시

《나는 고급 두뇌를 사냥하는 여자》라는 책을 냈는데 이 책이 한 6주 정도 경제·경영 분야에서 1위를 달렸다. 그러다보니 매스컴에서 많이 다뤄지고 우리나라 기업들이 '어, 그런 회사가 있단 말이지?' 하고 전화를 걸어왔다.

어느 날, 중견그룹 정도 되는 회사에서 연락이 왔다. 사람을 좀 찾고 싶다고. 그래서 어떤 조건의 사람이 필요하냐고 물었더니 "아, 그런 거 필요 없습니다. 무조건 좋은 사람을 찾아주세요. 다만 우리 회장님이 말띠인데 개띠, 닭띠, 소띠 상극이니 절대 추천하지 마십시오"라는 게 그쪽의 요구사항이었다.

그러면 요즘은 어떨까? 상당히 심도 있게 평가한다. 예전 회사에서 어떤 업적을 가지고 있느냐, 어떤 성과를 가지고 있느냐 이런 것을 굉장히 중요하게 본다.

대개 다음 아홉 가지로 나뉜다.

- 업적과 성과
- 이상과 전략
- 고객지향성
- 도전 극복 의지
- 뛰어난 조직 관리
- 기획력·개척정신
- 사업·사회적 영향력
- 창의성·혁신성
- 다양성

그중에서도 창의성·혁신성을 가장 중요하게 여긴다. 이 능력은 예측 불가능한 현대사회에서 새로운 비즈니스 모델을 창조할 수 있는 능력이다. 요즘은 예측하기 힘든 일들이 많이 벌어진다. 유가 폭등, 기후 변화, 조류독감 등. 그리고 앞으론 식량 부족 현상도 생길 것이다. 언제 무슨 일이 일어날지 모르기 때문에 기업체들은 창조를 계속해서 새로운 비즈니스 모델을 만든다.

그다음으로 중요하게 여기는 것은 도전 극복 의지다. 기업들은 어려운 환경 속에서 어렵다, 어렵다 할 것이 아니라 이렇게 어렵지만 우리는 할 수 있다는 용기를 줄 수 있는 적극적인 사람을 좋아하는 것이다. 예전에는 삼성, LG, IBM 출신 등 번듯한 곳에서 쭉 잘 자란 사람을 좋아했다. 그러나 지금은 공이 언제 어디로 튈지 몰라도 끝까지 잘할 수 있는 마이크로소프트 사의 인재상을 갖춘 사람을 더 좋아한다. 잘 자란 사람은 역경이 하나도 없기 때문에 온실 속의 화초라는 느낌이 들어 별로 원치 않는다. 대학도 떨어져보고, 실패도 겪어보고, 여러 가지 환경 속에서 해외에서 자원봉사 활동도 해본 사람을 굉장히 높이 평가한다.

평판 조회를 조심하라

인터뷰에는 여러 단계가 있는데, 최종적으로 거치는 관문이 평판 조회다. 360도 평가다. 평판 조회는 정말 그 사람이 일을 잘하는지 좋은 사람인지 등을 주위 사람들에게 확인해보는 절차다.

일단 상사, 동료, 부하직원을 통한 내부 평가부터 들어간다. 상사한테는 그 사람의 충성심이 얼마나 대단한지, 동료한테는 팀워크가 얼마나 좋은 사람인지, 그리고 부하직원한테는 그 사람의 리더십에 대해서 확인한다.

외부 평가도 한다. 허위 학력 사건 때문에 전 국민이 떠들썩한 적이 있었다. 그래서 학력에 대해 철저히 조사한다. 그리고 외부하고의 네트워킹이 얼마나 좋은지도 살펴본다. 얼마만큼 투명하고 도덕적인 사람인지 살펴보는 것이다.

이렇게 360도 평가를 하면 대략적으로 그 사람에 대한 그림이 나온다. 이런 평가를 거친 뒤 아무리 좋은 자질을 갖춘 후보라도 절대로 채용을 안 하는 기준이 있다. 다음 세 가지를 반드시 기억해두어야 한다.

첫 번째는 금전적인 사고다. 특히 CFO(회사의 자금부분 전체를 담당하는 총괄 책임자) 쪽 사람을 뽑을 경우에는 철저하다.

두 번째는 불미스러운 사건이다. 간단히 말하면 성희롱이다. 특히 공공기관의 이사장을 선발할 때 이 부분에 대한 평판 조회에 신경을 쓴다. 젊은 여직원들하고 팔짱을 끼거나, 노래방에 가서 블루스를 춘다든지, 분위기를 띄운다고 러브샷을 한다든지 이런 게 전부 성희롱에 해당한다.

세 번째는 도덕성이다. 본인이 얘기한 여러 가지 업적들이 거짓말이라는 게 드러난다든지, 주위 사람들이 얘기하는 것하고 자신의 말이 완전히 다르다면 도덕성의 문제가 발생한다.

신입사원들 역시 평판 조회 대상이다. 우리나라에서 최고의 연봉을 준다는 회사의 마지막 인터뷰 절차인 사장단 인터뷰에서 있었던 일이다. 당시 나도 그 인터뷰에 참석했다. 그 회사가 강력한 후보로 점찍어둔 여학생을 눈여겨봐달라는 요청이 있었다. 인터뷰를 하는데 왠지 석연치 않은 구석이 있었다. 그때가 8월이었는데, 2월 졸업을 앞둔 성적이 굉장히 우수한 학생이 직장을 구하지 못했다는 게 이상했다. 게다가 그 학생은 소녀 가장이었다. 그러면 가산점도 받을 수 있을 텐데.

왜 여태까지 직장을 못 구했느냐고 물었더니 이 회사를 들어오기 위해서 열심히 공부했다는 것이었다. 아무래도 좀 이상한 것 같아서 학교로 연락을 했다. 지도교수는 가정이 어려운데도 불구하고 여러 가지 동아리 활동도 열심히 하는 훌륭한 학생이라고 굉장히 좋은 말을 해주었다. 그다음에는 친구들한테 전화를 했다. 똑같은 얘기를 했다. 게다가 스포츠도 잘한다는 말을 했다. 그런데 그 친구 입에서 "연초에 회사 입사했는데요"라는 엉뚱한 이야기가 나왔다.

그 회사 인사과에 연락을 했더니 아니나 다를까 3월에 입사해서 몇 개월간 일했는데, 절대 추천하고 싶지 않다는 답변이 돌아왔다. 다른 데로 계속 옮겨달라고 해서 입사한 지 얼마 되지 않았으니까 배우는 입장에서 일하라고 했지만 계속 불평불만을 하고 주위 사람하고 잘 어울리지도 않더니 몇 개월 만에 그만둔다는 얘기도 없이 회사에 나오지 않았다는 것이다.

이런 사실이 밝혀져 결국 그 학생은 채용되지 못했다. 만약 전 회사와 맞지 않아서 그만두었다면 그걸 이력서에 써야 한다. 그건 본인에 대한 성실함의 표시다. 거짓말은 이제 용서가 안 된다.

전쟁 같은 합숙면접

예전에는 1년에 두 번 공채를 했다. 요즘에는 그렇지 않다. 자신들이 원하는 학생을 미리미리 다 찜을 해둔다. 왜 기업 총수들이 해외로 나가서 좋은 학교 학생들을 전부 다 입도선매하겠는가? 앞서가는 학생들은 공고가 나지 않아도 발 빠르게 이력서를 내놓고 기다린다. 인턴을 안 뽑음에도 불구하고 이런 식으로 한다.

채용 방식 또한 점차 미래지향적인 인재 중심으로 바뀌어가고 있다. 한 회사에서 신입사원을 뽑기 위해서 대개 일곱 단계를 거친다.

처음에는 인성검사부터 시작한다. 요즘에는 인성검사 외에 한 가지가 더 추가되었다. 자기 회사하고 잘 맞는지 알아보는 적합성에 대한 검사다. 그리고 합숙면접을 통해 신입사원을 뽑는 곳도 있다. 다음 페이지 표는 우리은행의 합숙면접 방법이다. "전쟁 같

국내 기업 신입사원 선발 프로세스의 베스트 프랙티스(Best Practice)

평가방식 평가차원	서류 전형	표준형 검사지	특화된 검사지	역량 면접(1)	역량 면접(2)	전문성 면접	적합성 면접
자력(이력)	●					○	○
인성·적성		●	◑				○
행동역량	○			●	●	◑	
지식·스킬	○			◑	◑	●	
가치관	○		●				◑

테스트 방식　면접 방식　기타 방식

낮은 구조화 ← ○ ◑ ● → 높은 구조화

출처: 인사뱅크닷컴

우리은행 합숙면접 어떻게

• 1일차 테이블 면접

1단계(10:00~10:50) 〈아이스 브레이킹〉
- 릴랙스 프로그램, 3분 스피치

2단계(11:00~11:50) 〈기본 소양 평가〉
- 금융·경제·사회 현안 이해도 평가, 영어 퀴즈

3단계(13:00~14:20) 〈전략적 의사결정〉
- 집단토론

4단계(14:30~16:30) 〈개인 역량 평가〉
- 프레젠테이션(질의응답)

5단계(16:40~18:50) 〈세일즈 스킬〉
- 금융상품 판매, '롤플레잉'

6단계(19:30~22:30) 〈멀티태스크 솔루션〉
- 팀프로젝트(장기자랑)
- 조별과제(금융신상품 개발), 개인과제(3가지)

• 2일차 액티비티 면접

7단계(08:10~09:10) 〈멀티태스크 결과평가〉
- 조별과제, 개인과제 발표(질의응답)

8단계(09:30~12:30) 〈우리 챌린지〉
- 팀별 미션 수행(야외활동), 동료 평가

9단계(14:30~17:00) 〈펀 페스티벌〉
- 팀 퍼포먼스 발표, 면접과정 영상물 상영

10단계(17:00~18:00) 〈우리 한마당〉
- 조별 단합의 장, 면접관과의 뒤풀이

출처: 《매일경제》, 2008년 6월 21일

은 합숙면접…… 영업전사 뽑는다." 2008년 6월 21일 《매일경제》에 실린 기사 제목이다.

후보자 1,500명에서 500명으로 줄여서 500명이 1박 2일로 합숙훈련을 한다. 첫째 날은 10시부터 시작해서 아이스 브레이킹, 평가 이런 식으로 쭉 한다. 둘째 날은 액티비티activity 면접을 한다. 신입사원과 함께 일할 팀장들이 동원된다. 내 팀을 강하게 하기 위해서 똑똑한 사람을 뽑겠다는 의지다. 옆에서 태도 점수를 평가한다. 만일 10시까지 모이기로 했는데 지각을 했거나 안 나타나거나 혹은 식사시간에 다른 사람들과 별로 화합하지 않는 것 같다 등 여러 가지 태도를 평가하는 항목까지 있다.

취업 지름길을 찾아라

요즘처럼 취업이 어려운 시기에도 잘 찾아보면 지름길이 있다. 듣던 중 반가운 소리일 것이다. 인턴을 활용하는 것이다. 어떻게 활용하는지 한번 보자.

무엇보다 가장 먼저 해야 할 일은 항상 질문을 던지는 것이다. 얼마나 뽑나? 어떤 사람을 뽑나? 무슨 일을 하나? 정식 입사 때 혜택은 얼마나 될까?

인턴을 하면 정식으로 입사할 때 가산점이 어마어마하다. 인턴십을 했던 학생들은 준비된 직장인이다. 양복을 입은 모습이라든지, 얘기를 하는 거라든지 면접 때 보면 확연히 차이가 난다. 4월이나 5월 정도 되면 외국에서 이력서들이 들어오기 시작한다. "한국에 글로벌 회사들이 생기기 시작하는데 거기 가서 인턴십을 하게 해주십시오"라며 1학년 때부터 들어온다. 특히 교포들이 많다. 1학년, 2학년, 3학년, 4학년까지 인턴십을 하면 몇 번을 하겠는가?

이제 기업 인턴제의 국경이 사라진다. 해외 인턴십에도 눈을 돌리라는 얘기다. 일례로 모토로라는 한국 대학생들을 뽑아서 본사에서 근무를 시킨다. 외국계 화장품 회사는 아이디어 공모를 해서 당첨되면 그 학생을 홍보요원으로 활용하기도 한다. 루슨트테크놀러지도 마찬가지다. 반면 LG전자, 삼성전자는 외국에 있는 학생들을 뽑아서 인턴십을 시킨다. 국가 간의 벽이 다 무너지고 양쪽이 교차하면서 인재들이 왔다 갔다 하는 게 현실이다. 전 세계에서 자기 회사랑 적합한 사람을 뽑겠다는 게 요즘 기업들의 의지다.

최상의 입사 지원자와 최악의 입사 지원자

면접 때는 대개 하루에 200명 정도를 인터뷰한다. 그러면 면접관도 굉장히 지루하고 힘들어한다. 한 3분 정도 본인에 대한 소개를 하라고 하는데 그 시간이 매우 중요하다. 면접관들이 딱 봤을 때, '아, 저 후보자 괜찮네' 이렇게 눈도장 찍는 시간이다.

어떤 사람이 최상의 지원자인지 잘 보여주는 두 사례를 살펴보겠다. 한 지원자가 갑자기 벌떡 일어나서 "저는 제 소개를 이걸로 대신하겠습니다"라며 파워포인트로 만든 3장 정도 되는 컬러로 작성된 종이를 나눠주었다. 그 속에는 본인이 잘하는 것, 못하는 것, 하고 싶은 것, 여태까지 했는데 큰 업적이 있는 것 등이 빽빽하게 적혀 있었다. 굉장한 아이디어다. 어떤 지원자는 "면접관님께서 굉장히 힘들어 보이시는데 제가 이 자리에서 노래를 좀 해보겠습니다"라고 당차게 말했다. 여학생인데 영업팀에 지원한 학생이었다. 영업팀은 그 여학생처럼 적극적인 학생을 원한다. 그러므로 평소에 동아리 활동을 많이 하고, 특히 수업 시간에 발표를 많이 할 필요가 있다.

반면 최악의 지원자는 결과부정형, 스토킹형이다. "내가 됐냐, 안 됐냐?" 아직 결과 발표가 멀었다고 대답해도 계속 확인을 한다. 한 명을 뽑기 위해서 수많은 사람들의 면접을 보는데, 회사에서 개인에게 일일이 응대해줄 수는 없다. 안 됐다 그러면, 내가 왜 안 됐느냐고 따지는 사람들도 있다. 이런 행동은 절대 삼가야 한다.

요즘은 면접을 매우 과학적으로 하므로 거짓말이 안 통한다.

"나는 영업을 굉장히 잘합니다"라고 말하면 그 즉시 "자, 우리 회사에 요번에 신제품이 나왔는데, 옆 사람에게 팔아보십시오. 그런데 경쟁사보다 우리가 100원 더 비쌉니다"라고 직접 시킨다.

"저는 인맥이 굉장히 넓습니다. 인간관계가 굉장히 좋습니다"라고 말하면, "지금 당장 문자 메시지를 보내서 5분 동안 답장이 얼마나 들어오는지 확인해보세요"라는 대답이 돌아온다.

"저는 말주변이 굉장히 좋고 논리적입니다"라고 말하면, "오늘 아침 신문 사설에 나온 FTA 협상에 대해서 3분 엘리베이터식으로 얘기해보십시오"라는 아주 날카로운 압박형 질문도 나온다.

휴지통으로 날아가는 자기소개서

면접관들은 수많은 자기소개서를 보게 되는데 그중 어떤 것들은 곧장 휴지통으로 날아간다.

어떤 자기소개서가 휴지통에 들어가는지는 8초 안에 결정된다. 그리고 사람을 보더라도 딱 스캔이 된다. 얼마 정도 경력에, 몸값이 어느 정도 나갈 것 같다는 느낌이 온다. 그리고 인터넷에서 베꼈는지 안 베꼈는지는 백발백중 안다.

"나는 산 좋고 물 맑은 어느 어느, 어디에서 태어나……." 그냥 바로 휴지통으로 직행이다. "나는 가난한 농부의 아들로 태어나……"도 마찬가지다. "아는 것은 별로 없지만 무조건 열심히 하겠습니다"도 휴지통으로 간다. 아는 것이 없다는 말은 쓸 가치도 없다.

자기소개서는 50세 정도 됐을 때 신문기자한테 본인의 여러 가지의 무용담을 들려주듯이 아주 편안한 느낌으로 써야 한다. 첫 번째는 성장 과정을 간단하게, 두 번째는 그동안 살아오면서 겪은 역경을 어떻게 잘 극복해서 지금까지 왔는지, 세 번째는 이 회사를 왜 들어오려고 하는지, 나의 이런 장점을 통해 이 회사에 뭔가 기여를 하겠다는 것들이 일목요연하게 정리되어야 한다.

멋지게 인터뷰하는 방법

사실 인터뷰까지 갔으면 반은 성공한 것과 마찬가지다. 나머지는 자기가 하기 나름이다. 그럼 어떻게 하면 면접관의 마음에 들게 멋진 인터뷰를 할 수 있을까?

몇 년 전 우리나라 초일류 기업이라 여겨지는 한 회사 인사담당 상무가 전화를 했다. 인사부에 신입사원을 한 명 뽑으려는데 너무 어렵다는 내용이었다. 열 번 이상 인터뷰를 했는데 뽑을 사람이 없단다. "신입사원인데 왜 그렇게 어렵습니까?" 했더니 "아, 요즘에는 당차고 똘망똘망하고 좀 싸울 수도 있는 그런 사람이 없네요"라며, 후보자를 딱 쳐다보면 대개 열에 아홉은 눈빛을 흐리고 돌린다며 한탄을 했다.

어느 날 전화가 왔다. 드디어 뽑았단다. 딱 쳐다봤더니 자신보다 더 강렬한 눈빛으로 쳐다보더란다. 그래서 '어, 강적 만났네'라는 생각이 들어 "내가 왜 당신을 뽑아야 합니까?"라고 물었다고 한다. 그랬더니 "상무님, 저를 뽑으시면 안 되는 이유가 무엇입니까?"라며 당차게 말하더란다.

인터뷰를 할 때는 본인의 솔직한 얘기를 논리적으로 말하고 질문을 받으면 '예, 아니요'를 먼저 대답한 뒤 첫 번째, 두 번째, 세 번째 이런 식으로 꼭 정리를 해서 이야기해야 한다.

인터뷰 때 많이 받는 질문

다음 그래프는 2008년 상반기 면접 때 가장 많이 받은 질문들을 정리한 것이다.

압박형 질문들이 꽤 많이 나온다. 어떤 금융회사 회장님은 꼭 이런 질문을 한다.

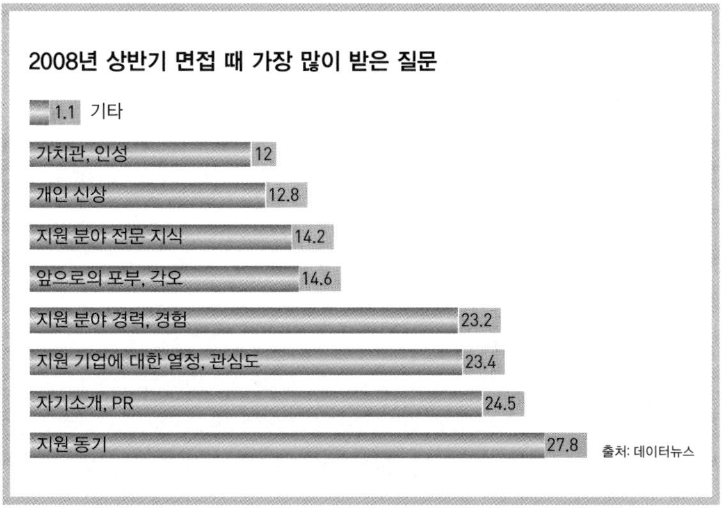

"주위에 아주 소중한 분인데 갑자기 사고를 당하셨습니다. 그래서 응급실에 실려갔는데 그 응급실에서 24시간 안에 1억 원의 현금을 가지고 오지 않으면 조치를 못하겠다고 합니다. 어떻게 돈을 구하겠습니까?"

장기를 팔겠다는 사람도 있었고, 은행에 가서 강도질을 하겠다는 사람도 있었다. 그리고 지인들한테 연락을 하겠다는 사람도 있었다. 그런데 한 후보자가 아주 재미있는 얘기를 했다.

"저는 회장님을 바로 찾아오겠습니다. 저를 담보로 1억 원을 빌려주십시오. 그러면 평생 이 회사에서 열심히 일을 하겠습니다."

결과는 취업 성공이다. 어떤 질문이 나오든 면접관은 이런 대답을 원한다.

"맨홀 뚜껑이 왜 동그랗습니까?" "전 세계에 바퀴벌레가 몇만 마리나 있을 것 같습니까?" "우리나라에 돌아다니는 차는 얼마나 될 것 같습니까?" 이런 질문들도 나온다. 정답은 없다. 논리적으로 풀면 된다. 이런 질문은 정답을 요구하는 게 아니다. 젊은이가 갖추어야 할 기백이라든지 창의력을 보기 위함이다.

첫 단추를 잘 끼우자

첫 직장을 고를 때 정말 잘 골라야 한다. 반드시 마음속에 새겨두어야 할 게 있다.

첫째, 회사의 겉모습만 보지 말고 속에 들어 있는 얘기를 살펴야 한다. 미리 알고 가라는 얘기다. 먼저 자리를 잡고 있는 선배들한테 조언을 구하는 게 가장 좋은 방법이다. 신문기사, 기업연감 등을 통해 희망 기업의 기초자료를 수집한다.

둘째, 지원서를 아껴야 한다. 못 먹는 감 찔러보기는 금물이다. 너무 많은 곳에 지원서를 보내다보면 A라는 회사에 보냈는데 B라는 회사에 대해 쓰는 경우도 있다. LG전자에 이력서를 내고는 삼성전자에 가서 얘기하는 꼴이 되는 셈이다. 그러므로 이력서를 보낼 때는 반드시 어디에 보냈다는 것을 써놓아야 한다.

셋째, 현재보다 미래를 봐야 한다. 눈앞의 연봉 액수보다 매출 성장률이 더 중요하다. 지금 잘나가는 NHN, 안철수연구소, 마이크로소프트, 구글 이런 회사들은 생긴 지 10년 안팎이다. 지금 규모가 작다고 그 회사의 가치를 너무 낮게 평가하지 말라는 얘기다.

넷째, 2~3년에 한 번씩 옮겨야지 하는 생각을 가진 사람도 있는데 절대 그래서는 안 된다. 뼈를 묻을 생각으로 최소한 5년은 다닐 각오를 해야 한다. 첫 번째 회사를 1년 이내에 30퍼센트가 그만둔다는 통계가 있다. 그동안 시간과 노력을 들인 것이 얼마나 아까운가.

자기계발과 성공 전략

2007년 두바이에서 있었던 일이다. 두바이에서 한국 사람들을 꽤 많이 봤다. 세계적인 호텔 프런트 데스크에서도 한국 사람을 만났다. 깜짝 놀라며 "어머, 어떻게 여기까지 오셨어요?"라고 물었더니 "우리 호텔에도 서너 명 있습니다"라는 대답이 돌아왔다. 버잘 호텔이라는 7성 호텔에도 한국 사람이 상당히 많아졌다. 우리나라 안에만 머물러서는 안 된다. 밖으로 나가야 한다.

대학생활을 하면서 다음 일곱 가지를 가지면 반드시 성공한다.

첫째, 경력 쌓기 로드맵을 그려라. 20대에는 본인의 천직을 찾아야 한다. 평생을 재미있게 할 수 있는 일을 찾아서 끊임없이 도전해봐야 한다. 그러기 위해서는 대학을 들어오기 위해서 12년간 공부하느라 잃어버린 자아를 찾아야 한다. 1~2학년 때는 자신이 어떤 사람인지 끊임없이 질문을 해야 한다. 그러려면 동아리 활동을 많이 하고 많이 놀아야 한다. 전략적으로 연애도 하고. 3~4학년 때는 내가 누구인지 확인하는 작업에 들어가 인턴십, 아르바이트, 직장에 대한 계획을 세워서 4학년 말에는 취업에 성공해야 한다.

20대에 천직을 찾았으면 30대에는 회사에서 반짝반짝 빛이 나는 보석이 돼야 된다. 40대에는 그 회사에서 별을 달거나 아니면 창업을 했을 때 그 분야에서 우뚝 서야 한다. 50대에는 다시 내려와서 제2의 직장생활을 시작할 준비를 해야 한다.

둘째, 개인 브랜드를 만들어라. '아니 내가 무슨 개인 브랜드가 있어? 직장생활을 한 것도 아니고, 대학생이.' 이런 생각을 할 필요가 없다. 여러 명의 학생들을 인터뷰하다보면 확연하게 차이가 나는 것들이 있다. 중국에 관해서는 내가 최고라고 생각한다면 그동안 중국에 몇 번 갔다 왔고, 중국 친구들은 몇 명이나 있고, 중국에 대한 역사는 얼마나 아는지 등 이런 것들이 다 개인 브랜드이고 트레이드마크다. 그러다 보면 “아, 저 친구는 중국통이야”라는 얘기를 듣게 된다. 중국에 관한 얘기가 나오면 항상 초대받는 영순위 인물이 되는 것이다.

셋째, 리더십을 길러라. 언젠가 인터뷰를 하는데 한 후보자가 눈에 확 띄었다. 카리스마가 느껴졌다. ‘뭐가 저렇게 다르지?’ 그러고는 이력서를 봤다. 전혀 듣도 보도 못한 대학의 학생이다. 물어보니까 지방에 있는 생긴 지 얼마 되지 않은 학교란다. 그런데 들어오는 모습에서부터 벌써 준비된 직장인이었다. 양복을 입은 모습도 전혀 어색하지가 않고, 얘기도 아주 논리적이었다. 경력을 보니 그동안 봉사활동을 한 내역이 상당했다. 소말리아, 중국, 필리핀 등지에서 봉사활동을 하면서 여러 나라 학생들하고 얘기하다 보니 영어 의사소통이 자유롭고 중국에서 봉사활동하면서 1년간 어학연수를 해 중국어도 수준급이었다. 다른 후보자들과 함께 팀미팅을 시켜봤더니 완전히 혼자서 미팅 주재를 했다.

그 후보자 때문에 면접관들이 고민에 빠졌다. 이름도 없는 대학 출신을 뽑아야 되는가 하는 고민이었다. 어떻게 했으면 좋겠느냐, 전문가의 의견을 듣고 싶다기에 나는 “100퍼센트 뽑아야 합니다. 학력 파괴되고, 인종 파괴되고, 나이 파괴되고, 성별이 파괴되는데 망설일 이유가 없습니다”라고 자신 있게 권했다.

리더십을 키우려면 각종 행사에 적극 참여하고, 가급적 임원을 맡는 게 좋다. 동호회도 개설하고, 리더십을 간접 체험하라. 말하는 연습을 하고, 자기 PR도 필요하고, 능동적으로 생각하고, 봉사활동도 하고, 성공적인 자기 모습도 그리고.

넷째, 해마다 이력서를 업데이트하라. 면접을 보다보면 뭔가 상당히 차별화된 이력서를 작성한 학생들이 눈에 띈다. 대부분의 이력서에는 '어느 학교, 누구, 자격증 몇 개, 영어 수준' 이걸로 끝이다. 얼마나 밋밋한가. 그런데 차별화된 이력서는 1학년 때 어디서 아르바이트를 했고, 어디에 응모했고, 2학년 때 교환학생으로 외국에 나갔고, 워킹 홀리데이도 갔었고, 여러 가지 어려운 일을 도와주는 단체에 가입했고 등등 이런 것들이 빼곡히 들어가 있다. 그런 이력서를 보면 '어, 정말 대학생활을 확실하게 보냈네'라는 생각이 든다.

그러나 이력서를 매년 안 쓰면 그동안 뭘 했는지 자기 자신도 잘 모른다. 올해하고 작년하고 이력서가 똑같다면 실패한 직장인이라는 얘기가 된다. 매년 이력서를 고쳐 써야 한다.

다섯째, 전문가가 되어라. '학생이 무슨 전문가?' 이렇게 생각할 수도 있다. 그 비결은 자격증으로 승부를 거는 것이다. '광고회사에서 최고가 되고 싶다' '금융회사에서 펀드매니저나 영업을 하고 싶다' '소비재를 파는 데에서 활발하게 마케팅을 하고 싶다' 등등 자신이 원하는 분야별로 필요한 자격증이 무엇인지 살펴보라. 그리고 기업체 홍보대사도 있다. 특히 금융권에서 홍보대사를 많이 구한다. 아르바이트도 좋다. 기업 신상품 서포터스 활동이 대표적이다. 코카콜라, KT 등 많은 기업체에서 학생 서포터스를 구한다.

이제는 공부만 해서는 안 된다. 항상 눈과 귀를 다 열어놓아야 한다. 밖에서는 어떤 일이 벌어지고 있고 무엇이 필요한지를 잘 알아서 활용하는 학생들은 취업도 빨리 되고, 세상 이치도 빨리 깨우친다. 그래서 실전이 중요한 것이다.

여섯째, 좋은 이미지를 만들어라. 앞에서도 말했지만 이력서 보는 데 딱 8초 걸린다. 그런데 사람 보는 것도 딱 8초 걸린다. 후보자들이 들어올 때부터 느낌이 온다. 특히 남학생들은 평소에도 가끔씩 양복을 입는 게 좋다. 면접 본다고 처음으로 양복 입고 온 학생들은 마치 빌려 입은 모양새다. 옷이 너무 큰 사람, 너무 꽉 조이는 사람, 양복 깃 한쪽이 들어가 있는 사람 등. 여학생도 마찬가지다. 머리가 긴 사람은 단정하게 묶거나 오피스 우먼처럼 자르면 더 좋다. 너무 화려한 장신구는 하지 말고.

그리고 면접 보는 그 장소에서만 점수가 매겨지는 게 아니라는 점을 알아야 한다. 어떤 회사는 일부러 복도에 종이를 꾸겨서 던져놓는다. 그런 다음 멀리서 직원이 지켜본다. 누가 저 종이를 집는지. 회사에서는 주인정신을 가진 사람을 원한다. 그 휴지를 집은 사람은 주인정신이 있다고 보는 것이다.

외모 관리도 해야 한다. 외모가 남들보다 좋은 사람이 12퍼센트의 연봉을 더 받는다는 조사 결과도 있다. 그런데 어떻게 이미지를 관리하느냐? 얼마 전까지 세상이 떠들썩하게 언론을 장식했던 힐러리 미 국무장관. 항상 단정하고 완벽한 모습이다. 어느 날 신문기자가 물었다. "당신은 늘 그렇게 완벽한 모습으로 대중 앞에 나타나는데 숨이 막힐 지경이다. 어떻게 그런 모습을 항상 간직하느냐?" 그랬더니 힐러리는 "나는 항상 최선의 모습을 보이기 위해서 노력한다"라고 답했다. 그렇다. 좋은 이미지는 타고나는 것이 아니라 노력함으로써 만들어지는 것이다. 지금부터 이미지를 철저히 관리해야 한다.

일곱째, 네트워킹을 구축하라. 요즘에는 인간관계를 사회지능이라 부르기도 한다. 또 어떤 사람은 사회적 자본이라고 이야기한다. 학교 안 인맥뿐만 아니라 학교 밖 인맥도 관리해야 한다. 가능하다면 해외 학생들하고도 인간관계를 맺는 게 좋다.

다음은 인맥 관리 성공을 위한 5계명이다.

1. 명함부터 만들어라.
2. 혼자 밥 먹지 마라.
3. 대학 동아리, 온라인 커뮤니티에 3개 이상 가입하라.
4. 블로그(미니 홈피)를 운영하라.
5. 이력서와 자기소개서를 항상 준비해둬라.

우리 회사도 인턴십을 많이 한다. 한 인턴 학생에 관한 재미있는 일화가 있다. 그 학생이 일한 지 일주일쯤 지났는데 직원들이 다들 "김 부상님, 김 부장님" 이렇게 부르는 걸 보고 내가 "아니 벌써 부장됐어? 내가 부장 시켜주지도 않았는데?" 했다. 그랬더니 내게 명함을 건네주는데 정말 부장이다. 전국 대학생들 모임이 있는데 거기 홍보부장이다. 그리고 한번은 공학한림원이란 곳에서 학생들을 모아놓고 강의를 한 적이 있다. 한 학생이 내게 명함을 건네주는데 명함에 사진까지 박혀 있었다. 직함을 보니 그 학교 응원단장이다. 명함 뒤쪽에는 본인이 여태까지 했던 것 중에서 잘한 것들이 쫙 깨알처럼 적혀 있었다. 남들보다 앞서 나가는 학생들이다.

5퍼센트의 핵심인재가 되어라

예전에는 20퍼센트가 80퍼센트를 먹여 살리고 끌고 나갔다. 그런데 이제는 5퍼센트가 95퍼센트의 사람을 먹여 살리고 끌고 나간다. 이것이 5/95의 법칙이다. 파워가 넘어갔다. 예전에는 기업에 엄청난 파워가 있었지만 이제는 개인들에게 파워가 넘어갔다. 몸값이 억을 넘는 사람이 부지기수다. CEO 연봉 몇백억, 애널리스트 10년차 연봉 3억. 이게 현실이다. 한 사람이 몇십만 명을 먹여 살리는 게 요즘 현실이다.

그리고 나라에서 기업으로, 남성에서 여성으로 파워가 넘어갔다. 그러다 보니 여태까지 '아, 그게 맞지' 하고 생각하던 상식이었던 비즈니스가 다 파괴되고 있다. 그래서 제조업보다는 감성으로 만들어지는 산업이 탄생했다. IT 기반 회사, 새로운 비즈니스들이 많이 나온다.

영웅들 또한 탄생한다. 옛날에는 한 분야에만 영웅이 있었는데 지금은 각 분야별 영웅들이 탄생하고 있다. 밤하늘에 반짝반짝 빛나는 별들처럼 수많은 별들이 반짝거리고 있다. 5퍼센트의 핵심인재들이 탄생하고 있는 것이다.

그 결과 여러 가지 혜택과 돈, 명예 등 모든 게 5퍼센트한테 집중된다. 그래서 양극화 현상이 발생하고 있다. 이 5퍼센트 안에 들어가느냐 못 들어가느냐는 전적으로 본인의 선택이다. 이 5퍼센트 안에 들기 위해서는 개인 브랜드를 만들고, 이력서를 계속 쓰고, 다양한 경험을 하고, 인맥 관리를 하고, 이미지를 만들어야 한다. 이런 걸 단계적으로 해야만 5퍼센트 안에 들 수 있다.

항상 스스로에게 질문을 던져라. '내가 왜 이 일을 하지? 내가 왜 이 강의를 듣지? 내가 왜 이 회사를 선택해야 하지?' 항상 '왜?'라는 질문을 던져야 한다. 그러면서 나의 마켓 프라이스market price는 얼마나 될까를 생각해야 한다. 단순히 한국에서의 마켓 프라이스가 아니라 전 세계 시장에 나갔을 때 나랑 똑같은 동급의 사람들과 비교했을 때 나의 가치가 얼마나 될 것인지를 말한다. 그리고 내가 어떤 일을 하면서 살 것인가를 고민해야 한다. 10년, 20년, 30년 후 어떻게 살 것인가, 주위 사람들한테 어떻게 기억될 것인가, 사회를 위해서 무엇을 할 것인가에 대한 질문을 끊임없이 해야 한다.

| 유순신의 경영철학 |

지금까지 걸어온 길에 대해서 자부하는 것이 있다면 내가 하는 일에 진심으로 즐거워하고 장애물이 나타났을 때 피하거나 숨지 않고 정면 돌파해왔다는 것이다. 또 무슨 일이든 쉽게 포기하지 않는데, 그런 것들이 결과적으로 일을 해나가는 데 많은 도움이 되었다.
기업의 경쟁력인 인재를 연결하는 일은 곧 국가의 경쟁력 향상으로 이어지는 귀중한 일이라고 생각한다. 더불어 우리 사회에 도움이 되는 일을 하고 있다는 사명감을 갖고 모든 일에 임하려고 한다.

CEO 생생토크

1_ 대표님께서 헤드헌팅 사업을 시작하신 1992년 당시는 우리나라에서 헤드헌팅이라는 단어 자체가 생소했던 시기였다고 봅니다. 게다가 인터넷도 없고 이동통신도 없고, 한마디로 맨땅에 헤딩하기였을 텐데 어떻게 그 많은 어려움을 겪으면서 이렇게 성공하셨는지 궁금합니다.

사실 1992년에 이 일을 시작한 초창기에 제가 기업체에 방문해 명함을 건네면 다들 저를 아래위로 쳐다봤습니다. '뭐야, 이 사람. 산업스파이 아냐?' 하는 표정들이었지요. 전화를 걸면 "무슨 사람을 기업체에 연결을 해?" 그러면서 전화를 꽝 끊는 일도 많았습니다. 그래서 '야, 이 일을 해야 하나 말아야 하나?' 하는 고민도 많았습니다. 그런데 1988년에 우리나라가 올림픽을 개최하자 전 세계 다국적 기업들이 한국에 관심을 갖기 시작했습니다. 그전까지만 해도 먹고, 마시고, 놀고, 즐기는 산업군은 우리나라에 안 들어왔습니다. 그런데 1992년 이후 코카콜라, 월트 디즈니, 나이키, 매킨지 컨설팅이 우리나라에 들어오기 시작했습니다.

그러나 당시에는 전문가도 부족했고 영어로 의사소통이 되는 사람도 그리 많지 않았습니다. 그중에서도 제일 무서운 게 문화 차이였습니다. 예를 들어 우리나라 사람들은 동그라미를 그릴 때

시계방향으로 그리지만 외국인들은 반대로 그립니다. 수프를 떠 먹는 방식도 다릅니다. 게다가 외국인들은 흑백논리가 확실합니다. 한마디로 생각하는 방식도 굉장히 다르고 사는 습관도 다릅니다. 그러다 보니 사람 찾기가 하늘의 별 따기였습니다. 그때 제가 그 시장에 들어가서 나이키, 질레트, 듀라셀, 샤넬 등이 우리나라에 셋업할 때 인재를 구해줬습니다.

그 와중에 우여곡절도 많았습니다. "우리나라 인재를 외국계 회사에 팔아넘겨서 돈을 챙긴다" "허가도 안 받는 인신매매다"라는 말도 들었습니다. 심지어 이 일을 하다 유치장에 들어간 사람도 있었습니다.

그런데 지금은 상황이 판이하게 바뀌었습니다. 불과 17년이 지났지만 지금은 전화를 하면 "저를 어떻게 아셨습니까? 제가 이제 좀 떴나봅니다. 대단히 감사합니다." 이런 대답이 돌아옵니다. 공공기관의 이사장, 신문에 나오는 굵직굵직한 사장들 대부분을 우리 회사에서 연결해주었습니다. 우리나라에 들어온 해외 인재들 중 15~25퍼센트 정도는 우리가 섭외했습니다. 우리나라의 인재들이 해외에 나갈 때도 일자리를 찾아줍니다.

저는 무조건 견디기만 하면 끝까지 가기만 해도 성공한다는 생각을 많이 합니다. 어려움이 있을 때마다 이번 어려움이 지나가면 조금 더 성장할 것이라는 생각을 했습니다. 산 정상에 오르려면 작은 봉우리들을 많이 만나잖아요. 그리고 저를 지원해주는 가족들이 항상 주위에서 용기를 주어서 지금까지 온 것 같습니다.

2_ 저는 건축을 전공하는 학생입니다. 21세기 인재상을 말씀하시면서 여러 가지 능력들을 꼽으셨는데 그중에서도 창의성과 혁신성을 강조하셨습니다. 21세기 인재가 되고 싶은 저희에게 그런 능력을 키울 수 있는 현실적인 방법을 하나 알려주셨으면 좋겠습니다.

건축을 전공하는 학생이니 소양을 기르기 위해서 해외로 나가 보라고 당부하고 싶습니다. 아르바이트해서 번 돈으로 두바이, 중국으로 가보세요. 우스갯소리로 "차이나가 왜 차이난 줄 아세요?"라는 말이 있습니다. 정답은 "갈 때마다 차이가 나기 때문에 차이나다"입니다. 하루가 다르게 너무나 많은 건물들이 생겨나고 있습니다.

특히 개발 프로젝트에 대한 안목을 키워야 합니다. 그러려면 세계로 나가야 합니다. 그리고 부동산 쪽에도 관심을 갖고, IT도 접목해야 합니다. 그러기 위해서는 다양한 분야의 사람들을 만나야 합니다.

또한 대학생활 동안에 꼭 해야 할 게 몇 가지 있습니다. 운전면허증과 본인의 전공과 관련된 자격증을 반드시 따세요. 그리고 일주일에 한 권씩 책을 읽으세요. 어렵다면 경제지라도 매일 읽어야 합니다. 요즘 면접을 볼 때는 다보스포럼 등 최근 세계적으로 일어나는 일들과 관련된 신조어에 대한 지식이 반드시 필요합니다. 보다 심도 깊은 정보를 갖추면 더욱 좋습니다.

3_ 대표님께서는 대인관계의 폭이 넓으실 것 같습니다. 그중에서

가장 자신에게 영향력을 많이 끼친 사람이라든지 아니면 가장 기억에 남는 분이 계시다면 말씀해주시면 감사하겠습니다.

손님이 아무도 없는 가게에 들어갔는데 제가 들어오면 계속 사람들이 들어오는 경우가 많습니다. 제게 사람을 끄는 힘이 있는 것 같다는 얘기도 자주 듣습니다. 그래서 제가 사람과 사람을 연결해주고 많은 사람들을 만나는 일을 직업으로 삼은 것 같습니다. 그중에서 기억에 남는 분이 몇 분 계십니다만 학생들에게 꼭 소개하고 싶은 분은 벤처기업가인 정문술 회장님입니다.

미래산업을 얼마 전까지 경영하시다가 본인 스스로 퇴직을 하셨습니다. 우리나라에 벤처산업을 활성화시킨 유능한 분인데 평소 입버릇처럼 딱 60세가 되는 날 퇴직을 하겠다 하시더니 정말 그날로 퇴직을 하셨습니다. 그리고 사재 300억 원을 카이스트에 기부하셨습니다. 그분이 카이스트에 기부하기 전에 만났는데 원래 기부하기로 한 날은 30일인데 15일쯤에 기부를 하겠다고 그러시더라고요. 왜 그러시냐고 물었더니 본인은 약속을 하면 반드시 지키는 사람이라서 그 부담감 때문에 항상 머리가 아픈데, 자신도 사람인데 300억 원이 아깝지 않겠느냐는 생각이 들기 전에 기부를 하겠다는 말씀이셨습니다.

저는 어려움을 겪으면 그분한테 전화를 드립니다. 한번은 “회장님, 이러이러한 일이 있는데 어떻습니까? 요즘 상황이 너무 안 좋아 우리 모두가 거지가 된 것 같습니다” 그랬더니 “바람이 세게 불면 풀잎이 낮게 깔린다. 어려울 때는 다른 생각 하지 말고 엎드려 있다가 좋아지면 다시 일어나라”는 말씀을 하셨습니다. 이 말이 저한테 큰 도움이 됐습니다.

여러분도 살아가면서 주위에 적어도 두 사람을 곁에 두기 바랍니다. 한 사람은 여러분이 벤치마킹할 수 있는 CEO나 선배 이런 사람이고, 또 한 사람은 여러분이 어려울 때 전화해서 도움을 요청할 수 있는 멘토입니다. 이 두 사람을 항상 가까이 하면 훨씬 더 풍요로운 생활을 할 수 있을 겁니다.

4_ 인재를 스카우트하는 구체적인 비용이라든지 시간과 노력 그런 게 얼마나 드는지 알고 싶습니다. 그리고 인재를 스카우트했는데 기업 문화에 적응을 못한다거나 예상치 못한 변수로 인해서 기업이 원하지 않은 인재상이었다고 하는 경우, 어떻게 대처하고 계신지도 궁금합니다.

기업인에게 저희 회사를 홍보할 수 있는 기회군요. 감사합니다. 저희는 연봉의 한 3분의 1 정도 받습니다. 그 비용에는 리서치 비용(처음에 100명가량 리서치)과 평가 비용이 다 포함됩니다. 사람을 여러 가지 툴에 넣어서 시뮬레이션도 해보고, 인터뷰도 해보고, 또 어떤 때는 제3의 장소에서도 그 사람을 평가합니다.

그리고 협상 비용이 들어갑니다. 개인하고 회사는 항상 생각하는 게 다릅니다. 개인은 많이 받고 싶어 하고 회사는 정해진 금액만큼 주고 싶어 합니다. 그래서 연봉 협상하는 과정이 굉장히 어렵습니다. 이 세 가지가 다 비용이니 연봉이 높으면 높을수록 비용이 많이 나가는 것입니다. 외국 회사는 몇십 년 전부터 헤드헌팅 회사를 이용해왔기 때문에 그런 얘길 안 합니다. 그런데 한국 회사들은 예전에는 "무슨 소리야, 취업하는 사람이 돈을 내야지 우리가 왜 돈을 내!"라고 말했습니다. 요즘은 다들 알기 때문에 비용에 대한 것을 비용이라고 여기지 않고 투자라고 생각합니다. 특히 한국에서 찾기 힘든 분야의 기술을 가지고 있는 외국 기술자를 찾을 때는 기업체에서 훨씬 적극적으로 나섭니다.

우리 회사는 AIMS라는 네트워킹을 갖고 있는데 전 세계 50개국하고 같이 네트워킹해서 일을 합니다. 한번은 남아프리카에 있는 우리 파트너한테 연락이 왔습니다. 그곳도 막 성장하고 있는 이머징 마켓emerging market입니다. 그래서 굉장한 프로젝트들이 많이 있습니다. 특히 요즘 남아프리카, 두바이, 인도, 베트남은 굉장한 지역입니다. 엔지니어가 없어서 일을 못할 지경입니다. 그러면 전 세계에서 같이 찾아봅니다.

그리고 만약에 사람이 들어갔는데 '아니다'라는 경우는 별로 없습니다. 그런 말이 나오지 않게 하기 위해 심층면접을 많이 하는 겁니다. 그리고 한 사람만 추천하는 게 아니라 세 사람을 추천해서 그중에서 비교해서 찾기 때문에 지금까지 성공률이 75퍼센트입니다. 실패한 25퍼센트는 여러 가지 상황 때문에 못 들어간 경우도 있지만, 들어갔는데 이 회사가 아니더라 하는 경우도 간간이 있었습니다. 그런데 1992~1995년에는 미숙했기 때문에 그런 일들이 좀 발생했지만 요즘은 거의 실패율이 0퍼센트에 가깝게 딱 맞는 사람을 추천해주는 걸로 우리 회사가 정평이 나 있습니다.

EBS CEO 특강 1
도전하는 젊은이

초판 1쇄 발행 2009년 6월 24일
초판 5쇄 발행 2015년 4월 30일

기획·방송 _ 한국교육방송공사
지은이 _ EBS CEO 특강 제작팀
발행인 _ 정은영
표지 디자인_ 디자인붐
본문 디자인 _ 주영훈
펴낸곳 _ 마리북스
출판등록 _ 제2010-000032호

주소 _ 서울시 마포구 월드컵북로 400 문화콘텐츠센터 5층 21호
전화 _ 02) 324-0529
팩스 _ 02) 3153-1308
찍은곳 _ 영신사

ISBN 978-89-959965-7-7 03320